金 源◎著

跟谁都能谈生意的人际关系学

超有用的65个应酬法则

黑龙江教育出版社

图书在版编目（CIP）数据

跟谁都能谈生意的人际关系学：超有用的65个应酬法则 / 金源著. -- 哈尔滨：黑龙江教育出版社，2017.11

（读美文库）

ISBN 978-7-5316-9690-2

Ⅰ. ①跟… Ⅱ. ①金… Ⅲ. ①人际关系学－通俗读物 Ⅳ. ①C912.11-49

中国版本图书馆CIP数据核字（2017）第292707号

跟谁都能谈生意的人际关系学：超有用的65个应酬法则

Genshui Douneng Tanshengyi De Renjiguanxixue

金　源　**著**

责任编辑　曾令欣

装帧设计　MM末末美书

责任校对　关宇飞

出版发行　黑龙江教育出版社

（哈尔滨市南岗区花园街158号）

印　　刷　天津嘉杰印务有限公司

开　　本　880毫米×1230毫米　1/32

印　　张　7

字　　数　140千

版　　次　2018年2月第1版

印　　次　2018年2月第1次印刷

书　　号　ISBN 978-7-5316-9690-2　　　**定　　价**　26.80元

黑龙江教育出版社网址：www.hljep.com.cn

如需订购图书，请与我社发行中心联系。联系电话：0451-82533097　82534665

如有印装质量问题，影响阅读，请与我公司联系调换。联系电话：010-64926437

如发现盗版图书，请向我社举报。举报电话：0451-82533087

前言
Preface

不懂应酬你还怎么做生意

一个人不管他有多聪明、多能干，先天的条件有多好，但是如果不懂得如何为人处世、不懂得商务应酬之道，那么他最终的结局往往是失败的。商务应酬是一门学问，更是一门艺术。正如励志大师戴尔·卡耐基所说：“一个人成功的因素，归纳起来15%得益于他的专业知识，85%得益于其良好的社交能力。”可见，玩转商务应酬，就能在商海中掌握先机、获得成功。

很多叱咤商界的大人物，都能在应酬中游刃有余，他们能很好地展示企业的文化、管理风格和道德水准，塑造企业形象。商务应酬是生意场上的法宝，生意的好坏很大程度上取决于应酬的能力。应酬得当，对方开心，自己获利；应酬不当，小问题也会伤感情，生意做不成，彼此还伤了和气。

生活充满了法则，不遵循法则的人必然会被社会淘汰。商务应酬中有很多必须遵循的法则。只要你遵循这些法则，就会在言谈举止间深深地打动客户，影响或改变客户对你的看法和态度。同样，你的商业形象就如同一张定格的照片，留给客户难以抹去的印象。事实证明，深谙应酬法则的人，他的力量是难以估量的。他们总能够脱颖而出，所向披靡。

为了给读者朋友更多的关于商务应酬的启示，跟任何人都能谈生意，我们组织编写了这本《跟谁都能谈生意的人际关系学：超有用的65个应酬法则》，着重论述了商务应酬中应遵循的礼仪规范、行为习惯、潜在规则等内容，具有很强的系统性和实用性。

书中难免错谬之处，敬请批评指正！

目录
Contents

第五章　零成本成交的秘籍：不花分文达到目的

第六章　生意中的让利学：让钱和人脉来找你

第一章

开口一句顶一万句：

话说对了生意就成了

我国古代著名的文学理论家刘勰曾说："一言之辩，重于九鼎之宝；三寸之舌，强于百万之师。"口才的巨大威力可见一斑。对于叱咤商场的人士，口才无疑是极为重要的成交"法宝"。说话是一门艺术，得体的言谈不仅能体现自身的修养，也能够让别人很舒服地接受你的观点或意见。在商务应酬中，千万不要张口是钱闭口是钱，一开口就能抓住对方的心，是达成一切成交的关键。很多时候，只因一句话，就会直接影响一桩生意的成败。

法则1：拜访加开场，是生意成交的关键

第一印象至关重要！当我们与陌生人接触时，首先是仪表给人留下第一印象，接着就是你开口说出的话。虽只寥寥数语，却可能决定着对方是否愿意与你继续交流、交往下去。因此，如何说好开场白，至关重要。

著名口才大师卡耐基说："即使你喜欢吃香蕉、三明治，你也不能用这些东西去钓鱼，因为鱼并不喜欢它们。你想要钓到鱼，必须下鱼饵才行。"所以，在涉及彼此利益的商务往来中，我们在与客户交谈时，一定要先摸清对方对什么东西感兴趣，懂得迎合对方的嗜好，这样能让对方感觉到受重视和受尊重。当然，这个"迎"，一定要迎得巧妙，不能让对方看出任何破绽。

美国最大的护肤用品直销公司总裁玫琳·凯当年在做销售人员时，有一次，她上门去推销化妆品，女主人非常客气地拒绝了她。她说："对不起，我现在没有钱，等我有钱了再买你的产品，你看可以吗？"

细心的玫琳·凯发现女主人的怀里抱着一条名贵的狗，既然能养得起这样名贵的狗，怎么会"没有钱购买"呢？玫琳·凯知道，这只是对方的一个拒绝自己的托词而已。于是，她微笑着说："这条小狗真可爱，一看就知道是很名贵的狗。"

"没错呀！"

“那您一定在这个狗宝宝身上花了不少的钱和精力吧？”

“对呀，对呀。”女主人开始很高兴地为玫琳·凯介绍她为这条狗所花费的钱和精力。

玫琳·凯非常专心地听着女主人兴奋的介绍，在一个非常适当的时机，她插了话：“那是肯定的，能够为名贵的狗花费足够的钱和精力的人，一定不是普通阶层。就像这些化妆品，价钱比较贵，所以也不是一般人可以使用得上的，只有那些高收入、高档次的女士，才享用得起。”

女主人听后，很高兴地买下了一套化妆品。

在商品经济飞速发展的时代，你必须在第一时间抢占商机，并寻找恰当的时机把话说到客户的心里，这样才能达到成交的目的。从上述实例我们可以看出，玫琳·凯第一次与陌生人面对面沟通就很成功。可见，有效拜访客户，是销售成功的第一步。

不仅销售如此，商务拜访亦是如此。第一次商务拜访对双方是否达成合作至关重要。因此，在拜访之前一定要考虑周全。玫琳·凯之所以有如此成功的案例，与其事先周到充分的准备是密不可分的。那么，在拜访之前需要做哪些准备呢？

1. 拜访前的调查准备

尽可能地收集客户或潜在客户的信息。通过网络、图书馆、媒体或其他渠道收集这些信息。你的前期调查研究工作做得越充分，最后坐下来和客户交谈时，你的发言越能打动对方。

如果你面对的是个商业企业，那么尽你所能去了解这个公司的产品、服务、发展史、竞争对手和现在进行的商业活动。我们的原则是，在尚未准备得足够充分的情况下，不要向潜在客户提任何问题，没有什么比“你们公司是做什么的”这样的问题更能在瞬间破坏客户对你的信任。

对于渠道销售员而言，在拜访客户前，要提前了解对方属于重点客户还是一般客户，从而制定拜访策略。要充分掌握自己公司的销售政策、价格政策、促销政策，尤其是在公司推出新的销售政策、价格政策、促销政策时，更要了解新政策的详细内容。当公司推出新产品时，营销人员还要掌握新品的特点和卖点、有关本公司及业界的知识、本公司及其他公司的产品知识等。

2. 拜访前要明确目的

设定拜访的目的，即通过此次拜访你想达到一个什么样的目的。是实现增进感情交流，还是促进双方合作？你将要与谁见面？你将要问他什么问题？通过这次拜访你希望得到一个什么样的结果？这是拜访前你要明确的目的。在这一阶段，你应该预先对拜访的各个细节进行仔细思考，认真计划。

3. 外在形象

服装、仪容、言谈举止乃至表情动作上都力求自然，就可以保持良好的形象。如何进门是我们遇到的最大难题，好的开始是成功的一半，同时可以掌握75%的先机。

4. 工具准备

“工欲善其事，必先利其器。”一位优秀的营销人员除了具备锲而不舍的精神外，一套完整的推销工具是绝对不可缺少的战斗武器。台湾企业界流传的一句话是“推销工具犹如侠士之剑”。销售工具包括产品说明书、企业宣传资料、名片、价格表等，凡是能促进销售的资料，销售人员都要带上。

5. 拒绝问题演练好

对方拒绝的理由可以有很多，比如：对方在货比三家后认为别的产品更便宜；对产品质量心存疑虑，等等。因此，你在出门之前对如何回答这些问题必须做到胸有成竹，见面时才会应付自如。

6. 拜访后的分析

我们把拜访后的分析也作为准备工作的一部分，因为这次的拜访结束，就是下次拜访的开始。为成功实现合作，拜访后，你应该拿出一些时间来回忆刚刚结束的这段谈话中的每一个信息，并将它们写下来。之后，当你再次拜访这位客户时，花几分钟的时间回顾一下你所记的东西。一旦你这样做了，你就会思维敏捷，对于这个客户和他当前的状况胸有成竹。

法则 2：见啥人说啥话，生意场上不尴尬

有句话说得好：逢人三分好，全心不可抛。可见，说好话，说别人爱听的话，在交际场合是多么的重要。

商务往来中，我们会接触到不同需求的、形形色色的、不同身份的人。那么，对于这些人，我们说话时一定要讲究方式方法，更要对不同的人讲不同的话。

同时，我们也可以通过对方的讲话方式大体判断出此人的性格和为人。有的人说话粗俗下流，有的人说话谦恭有礼、有条不紊，有的人说话内容丰富真实，当然也有的人一派胡言，或内容空洞、不知所云。总之，人说话的时候，很容易反映出他的内心世界和修养。

高贵优雅、气度非凡的人说话温和流畅，他们常用文雅的应酬用语。然而，这类人应分为两种，一种是表里如一，一种是口是心非。后者很多是外表高尚而内心丑恶的人，他们不愿被对方察觉自己极力掩饰的目的，所以才使用文雅的方式说话。

相反的，谈吐粗俗的人显得比较单纯。这种类型的人，基本是心直性耿，无论对谁都不改其谈吐方式，喜欢就喜欢到底，讨厌也讨厌到底，可谓是爱恨分明。此外，在初次见面的情况下，这种人的好恶表现也相当明显，不是表现得很不耐烦，就是亲热若多年挚友。

除此之外，还有一类人，每当话说到伤心处就哭哭啼啼、一把鼻涕一把眼泪，说明他的依赖性非常强烈。这种人尽管平常表现得和蔼可亲，善于交际奉承，但实际上非常自私、任性，大多属于不受欢迎的角色。

不听对方说话，只顾自己滔滔不绝、吐沫横飞的人，则属于强硬类型。这种人只要在说话的时候，别人肯静静听他说，就可以得到好感。这种人的最大弱点就是自尊心太强，经常喜欢抢先别人一步。

另外，还有的人不善言辞，说起话来支支吾吾。这一类型的人，有的是因为缺乏表现力，无法巧妙地表达自己想要说的话；有的则是个性阴柔、思考深沉、度量狭窄；更有的是欠缺智慧，或者精神上有某种缺陷。

人们常说：见什么样的人就说什么样的话。事实亦是如此。语言往往具有很大的欺骗性，所以单凭语言来判断别人是不可行的。只有听其言，又察其行，洞其心，才能真正认识一个人。

在应酬场合，寒暄客套的话必不可少。不要吝啬你的问候和赞美，尽管有时候这些多是废话。在赞美对方时，要学会察言观色。一个为事业废寝忘食的客户，一夜未眠，你便可以说他是“以事业为重，有上进心”；一个为了债务焦头烂额、心绪不宁的客户，你夸他“事业有成，春风得意”，对方也许会认为你是在讲风凉话，这种赞美便会起到适得其反的效果。当你如果见到或听到别人得意的事，一定要停下所有的事去赞美他。

例如，客户给你看了他的小孩的照片，那么一定要夸他的小孩，你若无声地放回去，他会很不高兴；如果客户升官了，你若第二天见到他，一定要用大官的称呼去叫他，用大官的职权去恭维他，他一定会非常开心。

我们不主张轻易去评价一个人，但我们应该避免被其夸大的言谈所迷惑。因此，在与人交流应酬时一定要记住以下几项原则：

1. 把握好说话的尺度

谈话，正如大多数的事情一样，“中庸之道”是最好的办法。你既不要太沉默，也不要太口齿伶俐。要知道何时听别人的讲话，可是也要知道何时是你接下去讲话的时候。

2. 不要重复你说过的话

很多事情在简述及初次说时，听来趣味盎然，可是说的次数太多，便没有什么令人感兴趣的地方了。

3. 用心倾听对方讲话

当有人跟你讲话时，千万不要问“你刚才说些什么”。这是很不为人着想的行为。记住，有人聆听是人生的至乐。满脸兴奋、全神贯注地看着你，好像渴望听你告诉他新闻或沉醉于你的谈话的人，无疑是最深谙交谈艺术的人。

法则3：探明他的内心，跟靠谱的人做生意

在社交活动中，人与人之间更多的是心理的博弈。每个人的言行都是心理的折射。巧妙地分析对方谈话的口气、速度、声调，探究对方的内心正在想些什么，是增进人际关系的要点，也是促成交易成功的要点。

当你面对自己的商务伙伴时，尽管你们素未谋面，但是我们仅仅从谈吐、遣词用字方面，大体就可以窥视对方的内心状况，明了自己应该如何应对。因为，谈吐的方式会反映出一个人当时的心理状态，越是深入交谈，越会暴露出他的原本面目。因此，谈吐方式、遣词用字，无疑是探知一个人真正性格和心理状态的重要依据。

当话题进行至核心部分时，说话的速度、口气，就是我们探知对方深层心理意识的关键。当然，说话的声调也是不可忽视的要点。无论与何人打交道，办事时都要提防高谈阔论人。

在一些商务应酬场合，我们常常会碰到善于吹牛并且强词夺理的人。千万不要和这种专逞口舌之能的人做朋友，应该尽快和他们疏远，即使因为种种因素无法摆脱他们，也应该设法保持一定距离，防止他们走进自己的生活圈，否则最后受害的将是自己。

在现实生活中，也有许多喜欢动口不动手的人，他们试图以花言巧语蒙骗对方，还可能成事不足败事有余；再或者开口闭口都是巨额的投资计划，这种不学无术的人到处可见，我们应该小心地加以防范，千万不要被夸大不实的谎言所蒙骗。

而我们，说话的时候，更要看紧自己的舌头，不能知无不言，更不能无知妄说，要清楚我们与对方交往的目的，即达成最终的合作。同客户交往时还要想方设法引导客户说出其真实想法。

当然，商务合作没有一蹴而就的，期间可能会历经很多波折，尤其是当对方提出异议或拒绝合作时，你更应该充分发挥个人的口才的作用，引导客户向你设定的预期方向转化。

1. 提前进行巧妙的暗示

销售人员在开始同客户会面时，就应留意向客户做些对商品的肯定暗示，从而使对方说不出拒绝的理由。例如：

“夫人，您的家里如果装饰上本公司的产品，那肯定会成为小区中最漂亮的房子！”

“本公司的储蓄型保险是您最好的投资机会，5年后开始返还，您获得的红利正好可以支付您儿子的大学生活费！”

在暗示之后，要给客户一些充分的时间，以便这些暗示逐渐渗透到客户的思想里，进入客户的潜意识。

当你认为已经到了探询客户购买意愿的最好时机时，你可以这样说：

“为人父母，都要尽可能地让儿女受到最良好的教育，怎么样？您考虑过筹集费用的问题吗？我劝您向本公司投保。”

利用这些方法给客户一些暗示，客户的态度就会变得积极起来，等到进入推销过程中，客户虽对你的暗示仍有印象，但已不认真留意了。当你稍后再试探客户的购买意愿时，他可能会再度想起那个暗示，而且还会认为这是自己思考得来的呢！

客户经过商谈过程中长时间的讨价还价，办理成交又要经过一些琐碎的手续，所有这些，都会使得客户在不知不觉中将你预留给他的暗示，当作自己所独创的想法，而忽略了它是来自于他人的巧妙暗示。因此，客户的情绪受到鼓励，就会更热情地进行商谈，从而避免了那些节外生枝的拒绝与异议的提出，直到达成交易。

2. 设法让客户说“是”

尽量避免涉及让对方说“不”的问题，而在谈话之初，就要让他说出“是”。在向对方推销产品时，刚开始说的那几句话是很重要的。因此，在拜访客户之前，首先就要准备好让对方说出

“是”的话题。例如，对方一出现在门口，你就递上名片，表明自己的身份，同时说：“在拜访您之前，我已看过您的车了，这间车库好像刚建没多久嘛……”只要你说的是事实，对方必然不会否认。就这样，你已顺利得到了对方的第一句“是”。这句话本身，虽然不具有太大意义，但却是影响销售进程的一个关键。

“那您一定知道，有车库比较容易保养车子喽？”

除非对方存心和你过意不去。否则，他必然会同意你的看法。这么一来，你不就得到第二句“是”了吗？如果对方真的要拒绝，那不仅仅是口头上的一声“不”，同时，他所有的生理机能（分泌腺、肌肉等）也都会进入拒绝的状态。然而，一句“是”却会使整个情况为之改观。所以说，比“如何使对方的拒绝变为接受”更为重要的是，如何不使对方拒绝。

3.引出客户的真心话

“考虑看看再说”也是客户经常使用的拒绝理由之一，话虽然说得婉转，但真正的想法可能是：“我听腻了你那一套说辞，反正我又不打算买，随便敷衍一下，使一下缓兵之计。”在这种情况下，推销员倘若认为目前时机尚未成熟，真的请客户好好考虑一下，日后再来听取佳音，就未免太过“死板”了！要处理这种状况是有点棘手，因为客户会说出这句话，多半是在推销员已经做了相当程度的说明后，就算勉强再运用其他拒绝语言处理，效果也不会很好。

即使客户先前一直表示赞同，但是面临重要关头却又退缩时，重提此事只会增加客户的厌恶。所以，必须改变一下方式，从另一个角度去引出客户真正的想法，比如说“您是很想买，但是缴费负担太重”，若能让客户说出真心话，就有希望进一步促成交易。

所以，推销员要懂得调适自己的心态，要有“被拒绝是当然的事”的心理准备，不能恐惧被拒绝，要坚强地面对客户的拒绝，引导客户说出真心话。

法则4：话到嘴边留三分，人也真来钱也真

由于各地风俗不同，待人接物的礼仪不同，习惯性的用语也不尽相同，因此，我们与新认识的人交往的时候，说话一定要留心，切勿犯了别人的忌讳，令人反感。在交际活动中，你要探听明白，对方是否有特殊的忌讳，切勿因说错话而触及其痛处。例如，你交谈的对象曾经做过贩卖走私货品、囤积居奇哄抬物价之类的坏事，现在虽然已经洗手不干，但是倘使你不明底细，当着他的面大骂其他奸商，对方必然会窘迫得恨不得咬你一口。

商务应酬中，若无城府不足以立世，如果能够像冰山一样只露出一角，让人摸不透你的心思，不但你会自保无虞，而且还具有强大的威慑力。

商务人员如果想得到别人的尊敬，就不应该让别人看出自己有多大的智慧和勇气。让别人知道你，但不要让他们了解你；没有人看得出你能力的极限，也就没有人感到失望。让别人猜测你

甚至怀疑你的才能，要比显示自己的才能更能获得崇拜。你要不断地培养他人对你的期望，不要一开始就展示你的全部。隐瞒你的力量和知识的诀窍是要胸有城府。

在应酬中，需要有所保留的不仅是才能还有言谈，商务人员的话到嘴边，要留住哪“三分”呢？

1. 留住自以为是的见解

人们都是根据有限信息进行思考并形成想法的，在信息残缺不全时，会形成偏见。加上感情倾向与情绪作用，会使自己的见解偏得更厉害。正如索罗斯说：“我们对世界的所有认知都有缺陷，因为我们无法透过没有折射作用的棱镜看待这个世界。”

虽然每个人的想法都带有偏见，但掌握信息较多、比较理智、能有效克服情绪的人往往意见更正确，至少更令人信服。你看那些经验丰富的领导人，当别人进行热烈的讨论时，他却坐在那里一言不发；等别人把想说的话都说完了，他再发表意见，一开口就语惊四座，让大家都觉得自愧不如。其实，他在保持沉默时，并非没有想法，只不过能隐忍不言而已。当他听完所有人的讨论后，掌握的信息已经比别人多了，在此基础上形成的想法，自然胜过所有人。

2. 留下对别人不恰当的批评和指责

所谓不恰当，有多种含义：如果你误会了人家，批评和指责无疑是不恰当的。假如对方确有挨批的理由，是否批他，还得看风向，否则也是不恰当的。

比如，你这样做，是否对他确有帮助？是否会加深误会激化矛盾？另外，如果对方已经意识到了自己的错误，并有改正的倾向，就没有必要对他说三道四了。

当你确定批评他是必须而且有用的，点到为止即可，应把多余的废话咽回去。你也许有幸挨过一些领导的批评，他们被你认为是有涵养的好领导，总是只说那么一句半句，好像很难为情似的。正因为这样，给你的印象反而特别深刻。

3. 留下毫无价值的牢骚

毛泽东曾告诫那些革命意志不坚定的同志，尤其是知识分子：牢骚太盛防肠断。

生活本来就是不如意的事占很大比例，你到哪里去找一个圆满的世界？已经吃到肚子里的东西，无论米谷糟糠，总是要自行消化的，岂能吐出来让别人心情难受？抱怨通常没有价值，只有一种例外：你想让某人知道你的想法，却不便当面说，想让眼前这个喜欢多嘴饶舌的人带话过去。

4. 留下不着边际的废话

为说话而说话，把东家的长西家的短都搬出来当谈资，讲完了也不知道自己到底说了什么，这无疑是废话。这些废话又何必说出来呢？

古语云：君子三缄其口。又云：不得其而言，谓之失言。如果商务人员不能确定自己说的话对客户有益无害，或者利多害少，那么还不如不说，此时的沉默反而能起到促成生意的作用。

法则5：你说的话他爱听，生意成交就有戏

说话是一门重要的必修课。在现今信息爆炸的时代，人与人之间的联系比以前更为频繁，这个频繁的交往更难脱离语言，语言的重要性不必细说，便可得知。

或许有人会不屑地说，说话有什么困难的，只要不是哑巴或是刚出生的孩子，谁不会说话啊？的确，人人都会说话，然而，并不是每个人都能把话说得十分切题，而且还要能说到重点，让人心有戚戚焉。越是熟悉的东西就越容易被人们忽视，也因为每个人天天都在说话，所以才觉得会说话不是多么困难的大事。

其实，说话是一门艺术，其中大有学问，俗语说“良言一句三冬暖，恶语伤人六月寒”，正说明了言语的力量。只有把话说得恰如其分，才能如雪中送炭直暖心底；话说得不得体，则会令人心寒情伤，如履寒冰。可见，说话的艺术正是人人必修的课题。

一个善于驾驭语言的人，会用语言来交换自己所需的东西，现代人也越来越懂得其中的重要性。话说得合宜，不仅能表现出自身修养的高雅，也能轻易地让人们接受你的意见或观点，使人愿意接近你，从而提升了自己的沟通、办事效率。

有时候，懂得说话，便是成功了一半。没有人会认为，一个穿着整洁却言语粗俗无礼的人，会是个有风度的人；相反，即使一个人没有西装革履，如果谈吐不俗，也必定会让人刮目相看。

应酬中有些话不宜直说，应采取暗示的方式比较妥当。可以

以两种事物具有的某一相似点作比，暗示警告对方言行的失当，使其明白你的不满。

例如，A公司的经理在一次业务谈判中，受到了B公司工作人员的顶撞。他气冲冲地给B公司的经理打电话说："如果你们不向我保证，撤销上次那个蛮横无理的工作人员的职务，那么，显然是没有和我公司达成协议的诚意。"

B公司的经理听了微微一笑说："经理先生，对于工作人员的态度问题，是批评教育还是撤职处理，完全是我们公司的内部事务，无需向贵公司作什么保证。这就同我们并不要求你们的董事会一定要撤换与我公司工作人员有过冲突的经理的职务，才算是你们具有与我们达成协议的诚意一样。"

A公司的经理顿时哑口无言。

在这里，B公司的经理就很好地使用了类比警告的技巧。虽然说A、B两公司有很多不同之处，但有一点却是相似的，即A、B两公司对工作人员或经理的处分完全是各公司内部的事务，与对方有没有诚意无关。B公司的经理就是抓住了这一相似点作比，从而警告对方所提要求的过分和无理，表达了对态度蛮横的A公司经理的不满。

由于生长环境和所受的教育程度不同，每个人说话的方式也不尽相同。交际时说话应当注意察言观色，对不同的人应当采取不同的说话方式，并且时时注意变换谈话的内容，选择适合对方的话题，才能拉近彼此的距离。

有很多人都反对"见什么人，说什么话"，认为那是表里不一的人才会做的事，是两面三刀、华而不实的表现。事实上，只要不是心存恶念，见什么人还真要说不同的话。试想，如果说话不分对象，待什么人都用同一种方式或同一种话，那么势必会使差异悬殊的人，无法好好地沟通。

有的人性格开朗、豪爽，直言其过或许他也不会在意，如果你说话的时候闪闪躲躲、犹豫不定，必定会引起他的反感，怀疑你为人不实。

如果，对方性格内向，也较为敏感，你的话如果直戳痛处，恐怕又会刺伤他的自尊心。对于这样的人，则宜采取含蓄曲折的表达方式，凡事点到为止，由他亲自去体会言中之意，会比较恰当些。

因此，说话是一门学问，是交友时应当注意的事，切不可盲目地以为，朋友只要心诚，说什么话无所谓。

其实，因为语言具有模糊性和意义不确定的特征，一句话可以这么理解，也可以那么理解，如果我们说话不注意，很可能会被人们误解。警觉性不够的人，还可能以为自己说得很好，忘了解开当中的误会，让友情不断地出现裂痕。

所以，语言作为人际交流的最重要的工具，也是沟通办事的时候最不能忽略的工作艺术之一。

话说得好，不仅是一个人修养水平高的表现，也是一个人增强自己仪表与风度必不可少的因素，更是能否促成生意成交的关键。

法则 6：听懂对方话外音，生意成交不用愁

商务人员和客户打交道，善听弦外之音，又会传达言外之意，才是最奥妙的人际关系操纵术。

老于世故之人大都擅长话里有话，一语双关，精明之人无须多言，即让你心里明明白白；“高明”的小人惯会含沙射影，指桑骂槐，用话中之刺让你身败名裂。

不管说话之人是否故意暗藏玄机，听话者必须弄明白他的真实意图，方能应对恰当。脑子不清，耳朵不灵，一定会多遇难堪。话里藏话、旁敲侧击是聪明人的“游戏”，它既重迂回策略，更重隐含之术，较之迂回更主动、更微妙；它还是“妙接飞镖又暗中回掷”的高超人际交往术，是机智聪明者才能驾驭的玄妙功夫。

因此，在应酬中，商务人员应掌握这种最为奥妙的人际关系操纵术。

商务应酬是复杂的，商务人员在应酬中总会遇到一些不平之事、不公之人，又不能不去表达我们的不满；对有利害关系的客户，有时候也需要巧加指责，让对方明白。但如何表达这种不满却有一定的学问，特别是对于一些非原则性的问题要做到，既能表达出对对方的不满，又不至于破坏和谐的人际关系，确实是不太容易。话里藏话、旁敲侧击不失为一个理想的武器。

1. 侧面点拨

应酬中，商务人员不直言相告，而是从侧面委婉地点拨对

方，使其明白自己的不满。这一技巧通常借助于问句的形式表达出来。

如商务人员A与客户B是一对好朋友，彼此都视对方为知己。

有一次，A的客户C对A说："A，我总觉得B的为人有点太认真了，简直到了顽固的地步，你说是不是？"

A一听C的话顿生反感，心想：你在背地里贬损我的好朋友，缺德不缺德？但他又不好发作，于是假装一本正经地说："C，我先问你，我在背后和你议论我的好朋友，他要是知道了，会不会和我反目为仇？"

C一听这话，脸"刷"地一红，不吭声了。

这里A就使用了委婉点拨的技巧。面对C的发问，他没有直接回答"是"还是"不是"，而是话题一转，给对方出了个难题，而这个难题又正好能起到点拨对方的作用，既暗示了"B是我的好朋友，我是不会和你合伙议论他的"，又隐含了对C背后议论、贬损B的不满。由于这种点拨较委婉含蓄，所以也不致让对方太难堪。

2. 柔性敲打

有些客户喜欢动不动就向商务人员发脾气，以显示自己有个性、地位高。如果这位客户与商务人员商谈的事宜重要、交易额巨大，那么，更容易骄纵而且不能容忍别人对自己的不满。有些商务人员生怕得罪自己的"财神爷"，因为自己的某句话引起客户的不快，会忙不迭地赔礼道歉，更有甚者会贬低自己，请求原谅，以示对客户的谦卑。

其实大可不必如此。某客户在和商务人员小李、小徐交往中，总是显示出某种优越感，因为小李是大学刚毕业的业务员，也没什么靠山，工作经验又不足，因此总是唯唯诺诺，甚至有些谄媚。

有一次小徐、小李与客户吃饭，席间，客户摆出一副高姿态，对小李的一些生活习惯总是流露出看不顺眼的情绪，并不时指点一二。吃过晚饭后，又把小李使唤得团团转，又是叫倒水又是让拿餐巾纸什么的。

小徐作为老商务人员看在眼里很不是滋味，一来，觉得小李没有必要如此唯唯诺诺，二来，这位客户实在太过分。

小徐借机笑着对小李说："要当师傅先学徒弟嘛！你现在加紧培训一下也好，等将来你作为成功人士，也好摆起师傅的架子来。"

小徐这么一说，那位客户当时似乎听出了什么，过后不得不在小李面前表示自己有些过分。

小徐不失时机地用"要当师傅先学徒弟"的俗话来提醒骄纵的客户，避免了直接冲突。这样做的结果是，即使对方当时略有不满，过后也会有所感悟的。

3. 幽默提醒

幽默是商务应酬中的润滑剂，有时利用幽默表达一下对对方的不满，也不失为一种好方法。有这样一则小幽默：在饭店，一位喜欢挑剔的女士点了一份煎鸡蛋。她对女侍者说："蛋白要全熟，但蛋黄要全生，必须还能流动。不要用太多的油去煎，盐要少放，加点胡椒。还有，一定要是一个乡下的母鸡生的新鲜蛋。"

"请问一下，"女侍者温柔地说，"那母鸡的名字叫阿珍，可合你心意？"

在这则小幽默中，女侍者使用的就是幽默提醒的技巧。面对爱挑剔的女顾客，女侍者没有直接表达对对方所提苛刻要求的不满，却是按照对方的思路，提出一个更为荒唐可笑的问题提醒对方：你的要求太过分了，我们无法满足，从而幽默地表达了对这位女顾客的不满。

另外，对怀有恶意之人，自不必拼个鱼死网破，打动草丛惊走这条蛇就可以自卫；那些粗鲁的家伙冒犯你，只需敲响山石吓跑老虎便可及时收手。置人于死地之事最好不做，做一个可方可圆之人，方能潇洒应对商务应酬之局。

法则 7：一句话定成败，关系再好也别乱说

心理学家都认为，人与人交谈过程中，无论是谈论商务还是谈情说爱，四目交投的最主要目的，在于探索、揣测对方的反应。

通常，我们只能根据谈话对象不经意流露的眼神和细微的行为反应，来判断对方的心理状态。观察对方的肢体动作和言语，揣摩对方的想法，洽谈生意的人可以选择最适当的时机，提出对

自己有利的条件，谈情说爱的人也可以顺水推舟，借机让彼此的关系更加亲密。

对旁观者来说，“你”这个人完全由“你的行为”来代表，他们只能根据你的谈话和行为来判断你大约属于哪类人，而难以深入你的内心世界，透彻了解你到底在想什么。

莎士比亚曾经说：“世上还没有一种方法，可以从一个人的脸上探察出他的居心。”这番话告诉我们，人绝对可以透过刻意整饬过的行为，建构一个对自己有利的形象，赢得别人的好感，减少许多无谓的摩擦和阻碍。

在商务应酬中，涉及的话题要有所为和有所不为。所谓言为先声，在商务交往时，首先遇到的问题就是谈话的内容，即必须面对说什么的问题。当人们需要处理说什么的问题时，也就是说在斟酌考虑谈话的具体内容时，有下列两个问题需要注意：第一是有所不为，即什么话是不能谈的；第二是有所为，即哪些话题应该考虑。

1. 商务应酬中忌选的话题

在商务交往中，有六个忌选的话题，统称“六不谈”。

（1）不要非议党和政府

不能非议国家、党和政府，在思想上、行动上应与党和政府保持一致。爱国守法是每个公民的基本职业规范，也是道德素养问题，这个问题没有任何讨价还价的余地。

（2）不应涉及国家秘密与行业秘密

我国有国家安全法、国家保密法，违法的内容及泄密的内容是不能谈论的。因此，在商务谈话中不能涉及国家秘密与行业秘密。

（3）不可非议交往对象的内部事物

与客户打交道时，应该牢记客不责主的要求，即不能随便挑别人的不是，如果不是大是大非的问题，尽量不要当面使对方出丑、尴尬、露怯，难以下台。

（4）不应背后议论领导、同事与同行

我们主张批评和自我批评，但是家丑不可外扬。在客户面前议论领导、同行、同事的不是，会让别人对自己的人格、信誉产生怀疑。

（5）不应涉及格调不高之事

格调不高的话题包括家长里短、小道消息、男女关系、黄色段子等。

如果这些格调不高的话题从我们嘴里说出来，就会贻笑大方，会使客户觉得我方素质不高，有失教养。

（6）不应涉及个人隐私之事

关心别人值得提倡，但是关心应有度。在市场经济条件下，应做到关心有度，尊重隐私，隐私问题不能随便讨论。与客户交谈时，尤其是与外国客户交谈时，尤其应回避个人隐私，具体包括“五不问”：不问年龄、不问收入、不问婚否、不问健康、不问个人经历。

2. 商务应酬中宜选的话题

以上介绍了商务交往中忌讳谈论的话题，属于有所不为的问题，注意这些问题将使人们在进行商务谈话时不会出洋相，但是本着沟通的考虑还要选择一些适合谈论的话题，即有所为。

（1）拟谈的话题

拟谈的话题是指双方约定要谈论的话题，或者应和对方谈论的。例如双方约定今天谈论办公用品采购的问题，就不要谈论其他话题。

（2）格调高雅的话题

作为一个现代人，特别是一个有见识有教养的商务人员，应在交谈之中体现自己的风格、教养和品位，所以应该选择格调高雅的话题。哲学、文学、历史这样一些有深度、有广度的话题，不妨一谈。

（3）轻松愉快的话题

哲学、历史话题可以谈谈，但是这样的话题往往会给人太沉重的感觉，所以那些轻松愉快的话题，如电影、电视、旅游、休闲、烹饪、小吃等都可以谈上一谈。

（4）时尚流行的话题

时尚流行的话题也是适宜谈论的话题，可以针对对方的兴趣对时尚话题进行选择，如皇家马德里队到中国来进行足球比赛，某某明星的演唱会，热播的电视剧等。

（5）对方擅长的话题

所谓“闻道有先后，术业有专攻”，谈论交往对象所擅长的话题，让交往对象获得一个展示自己的机会，从而营造一个良好的商谈氛围，何乐而不为呢？

法则 8：善于自我推销，生意更容易成交

在生意场上，难免会接触各种各样的人。当你面对举足轻重的大人物时，能否独具特色地进行自我介绍，与求人办事的成败紧密联系。中央电视台一次主持人大赛中，几个主持人的自我介绍就紧紧扣合自己的姓名和身份等，别出心裁，给人以借鉴。

1. 巧解姓名，以名言志

一个人的姓名，往往富有丰富的文化内涵，或折射凝重的史实，或反映时代的乐章，或寄寓双亲对子女的殷切厚望。因此，巧解姓名有时也令人动情。

一个叫潘望的主持人是这样自我介绍的："我叫潘望，早在孩提时代，我那只有小学文化的军人爸爸和我那教小学的妈妈就轮番地叮嘱我：'望儿，你可是咱们家的希望啊！'为了不辱使命，肩负着双亲的重托，我脚踏实地、一步一个脚印地走来，直到今天，走到这个国家级的最高赛场。但愿老师们能给我这只盼望飞翔的鸟儿插上奋飞的翅膀。"几代人的心愿并列呈现，谁不为之心动？

有人把形象不光彩或形象丑陋当成包袱，这大可不必。怎样变形象不佳这一包袱为自信的砝码并化成前进的动力？下面这位主持人的自我介绍能给人以启迪："单一看咱这形象，不如电视那么闪闪发亮，眼不大且有点近视，但这丝毫不影响我的睿智与远见；耳朵虽小，更提醒我要耐心倾听观众的心声；嘴巴也不气派，正说明我不夸夸其谈，唢呐和号角的孔都不大，但同样能

怒吼与呐喊；个子是矮小了点，但著名小品演员潘长江先生说过‘浓缩的都是精品’。有人说‘缺点在一定条件下也会成为优点’，这话难免有些夸张，但‘缺点在一定条件下会成为特色’则是毋庸置疑的。”

这一番话不但巧妙地把自己的缺点都转化成了特色，同时还给别人一种耳目一新的感觉，有了这么一番别致的自我介绍，这个主持人的成功也就不难理解了。

2. 借座右铭，抒情励志

座右铭是体现思想灵魂的标志，巧妙地呈现自己的座右铭是促使他人在短时间内理解并信任你的有效手段。在众位选手中，一位来自农村的女孩子这样介绍自己：“我是一个农家女孩，能跳出‘农家门’一步步向前走，并走到此刻我正置身其中的国家级大赛，主要归功于我小学启蒙老师的教导，他在开学第一天就对我们说：‘倘若有人问你：你能把天上的星星摘下来吗？你千万别说，我怎么可能，而应该说，请让我试一试’，谢谢您，恩师，我正在一步步接近那登天的阶梯……”这座右铭不仅给她以激励，也给听者以启迪。

3. 剪影组合，尽展英姿

倘若你此前确已取得了几桩值得自豪的业绩，不妨把它们巧妙地组合起来，像电影中的“蒙太奇”手法一样，显示自己的风采、英姿。请看下面这位主持人是怎样介绍自己的：

“我是一名爱做梦的、今年刚毕业的大学生。为培养口才，大学时我参加了校辩论队，在去年全国大专辩论赛上，我所在的队获得冠军；我的体质不错，在今年上半年举行的全国大学生运动会上，我是我校女子篮球队的中锋；后来我发现，我最热爱的是主持人这种职业。一名优秀主持人的条件要求很高，作为一名新兵，我这次是来学习的，请同行和评委老师们耐心地帮助我，我衷心地感谢。”亮出这些牌子，给人以此人不凡的感觉。

4. 敢比名流，更显幽默

在自我介绍时，巧妙地与名人对比，既可显示才能，更能显出幽默。有位主持人是这样自我介绍的：“我喜欢写诗，可比不过舒婷；我喜欢唱歌，可唱不过毛阿敏；我喜欢主持节目，她俩可能比不过我……”这么一比，使人感到此人颇具幽默感。

5. 巧借特产，以物喻人

通过介绍家乡名优特产的某些特性，巧妙地烘托自己的个性，也是一个好方法。若家乡无名优特产，那就挖掘地方特色；若实在无特色，平凡本身就是特色，因为人们既讴歌名贵的“冰山雪莲”，也讴歌无名的小草，且有时小草更能激起评委的怜爱之情。

在一次全国性的主持人大赛中，一位最终失败的云南籍选手若能采取如下介绍方法，也许更能博得评委与观众的好感：“尊敬的评委老师，我来自云南。也许老师们会感到惊诧，‘云南是阿诗玛的故乡，可是个佳丽辈出的地方’，但是老师们千万别忘了，云南也是大理石的故乡，相信老师们能从我的身上看见大理石的朴实、厚重与刚强。”

从以上诸位选手的自我介绍中，你是否可以发现一些自我推销成功的手段？如果你发现了，并且在现实中加以利用，相信你会成为别人眼中会说话会办事的人，相信你的办事之路也会变得无比通畅。

法则9：厚脸皮有饭吃，做生意就要放下面子

中国人对自己的面子都是十分在意的。在商务应酬中，保留别人的颜面，对自己有百利而无一害，因为对方会心存感激，因而会想方设法报答你。有些时候，给别人留面子，比给他钱财更有用。

上司问下属："交代你写的计划书写好没有？"下属心里可能想："糟糕，晚上忘了写了。"但是碍于面子问题，嘴上却说："写好了，只是早上急着要准时上班，忘带了。"上司明白，这是下属在找借口，如果说破的话，下属面子上过不去，以后可能处处都要与自己唱反调，所以只是淡淡地说："哦，那明天别忘了带过来。"

下属因说谎暂时保住了自己的颜面，下班后自然会赶快把它写好，放在公文包里，第二天一上班，就把它交上去。下属不但完成了工作，而且吸取了教训：这一次差点惹麻烦，幸亏平时信用还不错，勉强抵挡过去，下一次不可以再犯，以免被拆穿了，不但难堪还可能受罚。这样既可以保证计划书尽早完成，又不会伤了彼此的和气，何乐而不为？

有人说：中国人死要面子。“死要面子”，就是说宁愿死，也要面子。孔子的高足子路就是这样，他为了不丢面子，不惜结缨而死。因为面子反目成仇甚至生死之争的情况并不少见。

公元前605年，楚人献给郑灵公一个特大的鳖，灵公用它来大宴群臣，却唯独不让子公吃。这是因为一次上朝，子公的食指突然动了起来，他便对别的大夫说，我的食指一动，就能尝到非同一般的美味。灵公听后，偏要让子公的话不能实现，这显然是不给子公面子。

子公也不是好惹的，为挽回面子，就径直走向烹鳖的鼎前，染指于鼎，尝之而出。

子公挽回了自己的面子，却扫了灵公的面子。双方只好翻脸，只不过子公抢先一步，弑杀灵公，并给他弄一个“灵”的谥号，让他永远没有面子。

想想灵公死得真不值，就因为丢了别人的面子，便遭到杀身大祸，死了依旧没有面子。

每个人都需要面子，而且也都希望自己有面子，有面子就能被别人看得起，表明他在人群中间有优越感。懂得这个道理，应酬中就能方便许多，只要你能放下自己的面子，给别人一个面子，相信你会在办事跑关系时获益匪浅。

不过这种面子必须是你给别人的，而非自己争的。争面子于己于友，都没好处，只会伤了和气。

西晋的款爷石崇与王恺斗富，就是典型的面子之争。王恺用麦糖水擦锅，石崇就用蜡烛煮饭；王恺用紫丝布做步障40里，石崇就做锦布障50里；王恺用赤石脂涂墙，石崇就用花椒和泥来涂。最后，弄得晋武帝也来帮忙，他赐给王恺一枝二尺高的珊瑚树，世间罕有。没想到石崇根本没把它放在眼里，拿起他的玉如意就敲过去，珊瑚树应声而碎，他回头吩咐左右回家取出珊瑚树，让王恺任意选取，有三尺高的，四尺高的，弄得王恺怅然若失，垂头丧气。

石崇太过固执，不会忍让，一下子让王恺的面子丢尽。他比王恺富有，这是一个事实，他却非比不可，比的结果，自然是他面子十足。无论王恺接受不接受珊瑚树，有一点是肯定的，面子伤了，谈交情就谈不上了。石崇大可不必做得如此绝，假若他肯处处让别人一分面子，那就是另一种情形。

商务应酬中，首先就是要懂得时刻顾及别人的面子。倘若你自恃自己的面子大，不把别人放在眼里，碰上死要面子的人，就可能不吃你那一套，甚至可能撕下脸皮和你对着干，这样常常会把彼此的关系弄僵。

懂面子，你还得去要面子，假若你请客户吃饭，而客户不太领情，这时，你便不能割袍断交，你要学会去要面子，你要说看在多年交往的分上，给我一个面子。只要他给了你面子，他吃了饭，那么，他的人情算欠下了，即使饭是客户给你面子才吃的。送礼也一样，让客户给个面子收下，这个面子你得去要。

另外的一点，给面子要给得恰当，不恰当就是不给面子。如果被请之人面子很大，而又未受到应有的待遇，则成了极伤面子的事情。

永远不要说这样的话："看着吧！你会知道谁是谁非的。"这等于说："我会使你改变看法，我比你更聪明。"——这实际上是一种挑战，在你还没有开始证明别人的错误之前，他已经准备迎战了。为什么要给自己增加困难呢？

商务人员在应酬中不要把自己放在客户的对立面，不要让客户和自己都下不了台。时刻顾及客户的面子，才能更好地相处，从而促进交易的达成。

第二章

敏锐捕捉商业信号：

一眼看穿对手的心理

肢体语言，即通过姿态、神情、动作等将自己的指令、意向传达给他人。每个人的肢体语言都有特定的含义，每一个动作表情都能反应一个人的心理。在商务应酬中，只有准确判断对方肢体所传达的信息，才能敏锐地捕捉到商业信号。如果你一眼能看透对方的心理，你就能比别人赢得更多的商机，你就能在交际中掌握主动权。

法则10：破译对方身体密码，参透心机有商机

身体语言和有声语言是语言的两种形式。人们在社交活动中，往往将二者合用。著名喜剧大师卓别林就是一位著名的身体语言大师，他就是利用自己的各种体态来把各种剧情内容生动地传达给观众的。

人类的动作、表情是本能性的，每个人说话都会不自觉地做出某些表情动作。人们说话时变化的目光，或喜或怒的神态，举手投足的动作……都同所表达的内容密切相关，同时也反映出说话人的修养水平。

事实上，你同另一个人见面，虽然尚未正式开口说话，但交际活动已经开始，双方的眼神、表情、动作都在传递着信息。说话时对方除了听，还在看。皱眉头，嘴角向下撇，那显然是话不投机；和颜悦色，笑脸相对，说话就易于顺利进行。

因此，在口语交际过程中，我们必须给这种无声的身体语言以应有的重视。如果在说话时能够恰到好处地运用身体语言，就能够使重点突出，并富有感情、形象生动，因而更富有吸引力和感染力，交际的效果会比单纯凭借有声语言好得多。大家知道，电视的宣传效果比起电台广播更突出更明显，重要原因之一就在于：电视节目同时作用于人的视觉和听觉，而电台广播却只作用于人的听觉。

一个人的身体语言和有声语言，是构成其语言的两种重要形式，针对不同的对象、场合等情况，有时可分别单独使用，有时也可将二者结合使用。但更多的情况下，要注意身体语言和有声语言相辅相成的关系，使其更好地发挥自己言语的效能。

人们在使用言语交谈时，身体语言甚至可以替代语言直接发挥自己传播交际信息的作用。心理学家研究结果表明，从人们获取信息的渠道来看，只有11%的信息是通过听觉获得的，83%通过视觉获得，而精妙地表达一个信息应该是7%的语言+38%的声音+55%的表情和动作。可见，缺乏身体语言表达的交流不仅丧失大部分沟通情感、传递信息的渠道，也会给他人以平淡拘谨、毫无生气的呆板印象。

身体语言是内在情感的外部显现。它通过眼神、面部肌肉运动、手势等诸多无声的体态语言将有声的语言形象化、生动化，以达到先“声”夺人、耐人寻味的效果。它能充分弥补语言表达的不足，并可帮助受话人深刻、准确地把握言事者意旨，有效地防止因言语表达的空乏而带来的误解。在长辈直言怒斥后生时辅以爱抚、安慰的眼神，会叫人心悦诚服；在妻子需要袖手旁观的丈夫作家务帮手时，伴有一个亲昵、温柔的举动，会让丈夫饶有兴趣地来参与；在向下属吩咐工作时附上一个善解人意的微笑，则能令人心情舒畅愉快，潜心攻关，如此等等。多一点抚慰，少一分隔阂；多一点微笑，少一分误解。灵活有效地使用体态语言，给平淡乏味的语言润色，就会避免因语言不详而导致的言语沟通中的麻烦与障碍。

人的身体语言并不神秘。在日常生活中，有许多身体语言都是我们所熟知的。比如：

五官：眉毛上扬表示询问和质疑，眼睛张大表示惊疑、欣喜或恐惧；鼻翼微微掀动可能是心情激动的反应；微笑是肯定的象征，具有向对方传达好意，消除不安的作用。

面部：脸红常由于害羞和情绪激动；脸色发青往往出现在强烈气愤、愤怒受到抑制而即将爆发之前；脸色发白常常是由于身体不适应或在精神上遭受了巨大打击。

躯干：呼吸急促时，胸部或腹部会起伏不停，这是极度的兴奋、激动或愤怒的表现；肩部微微耸动也可能是抑制激动、悲伤或愤怒的流露；挺胸凸肚是满不在乎的表示；哈腰弓背是畏缩退让的表示。

四肢：手指轻敲桌面和脚尖轻拍地板可能是内心焦躁不安；手、手指发颤是内心不安、吃惊的表现；手臂交叉可能是一定程度的警觉、对抗的表示。

上述这些身体语言我们并不陌生，这说明人体语言作为一种人人都能“读”懂的最大众化的语言，就存在于我们日常生活和商务活动中。

因此，在商务合作中合理地运用身体语言，往往更容易起到预期效果。而在交流时，仔细观察对方的表情动作，更有助于我们了解对方的心理，从而促使交易的达成。

法则 11：观其头部解其心理，寻找合作的契机

人的一眨眼、一颦一笑、一点头、一咧嘴……无不透露着喜、怒、哀、乐。学会解读头与脸的表情，你将在交际场上轻轻松松洞悉人心，了解对方的心理，从而抓住生意成交的契机。

科学家的研究结果证实：人的身体可以传达许多信息。人的许多不自觉的身体动作，常常能折射出他内心世界的思想感情。当然，这需要我们认真仔细地加以解读。下面，我们就开始解读一下头部的“语言”。

1. 摇头晃脑的人多是唯我独尊

在日常生活中，我们经常看到有人用“摇头”或“点头”，以表示自己对某件事情或看法的肯定或否定。但是，如果你看到一个人经常摇头晃脑的，那么你或许就会猜测他不是得了“摇头病”就是神经病了。

不过，如果我们撇开这种看法而从身体语言的角度来看的话，这种人特别自信，以至于经常唯我独尊。他们也会请你帮他办事情，但很多时候，你做得再好他都不怎么满意，因为他有自己的一套，他只是想从你做事的过程中获取某种启发而已。

这种人，一般在社交场合中很会表现自己，却时常遭到别人的厌恶，他们对事业一往无前的大无畏精神倒是被很多人欣赏。

2. 拍打头部，多半是后悔的表现

拍打头部这个动作多数时候的意义是在向你表示懊悔和自我谴责，如果你正在问他“我的事情你办了没有？”见他有这个动

作的话，他肯定没把你上次交代的事情放在心上，你不用再问也不用他再回答了。

倘若你的朋友中有人有这样的动作，而他拍打的部位又是脑后部；那么，可以直言告诉你，他这种人不太注重感情，而且对人苛刻，他选择你作为他的朋友，很大程度上是因为你某个方面可以供他利用。当然，他也有很多方面值得你去交往和认识，诸如对事业的执着和开拓等，尤其是他对新生事物的学习精神，让你不由得从心底真心地佩服他。

时常拍打前额的人一般都是心直口快的人，他们为人坦率、真诚，富有同情心。在“要心眼”方面你教都教不会他。因此，如果你想从某人那儿了解什么秘密的话，这种人是最佳人选。不过这并不是说明他是一个不值得信赖的朋友；相反，他很愿意为别人帮忙，替别人着想。这种人如果对你有什么得罪的话，请记住：他们不是有意的。

3. 用点头的方式提高对方思考及进取心

“嗯！说得也是！……”我们经常看到电视访问时，主持人会以如此的应答方法来诱使对方滔滔不绝地说下去。所以说，杰出的访问者是善于回答并能使他人关不住话匣子的。

如上述般的回答方式，除了语言外，还有一种身体语言，那就是点头。当一个公司举行面试时，主试官频频点头示意和极少点头的情形比起来，前者容易引起应征者谈话的兴趣，而点头的动作也具有回答的效果，也就是表示请对方继续说。这种意思一旦传递给对方，对方便会有“对方已能明白我的话了”或“对方接受我的说法了”的想法，因此能贾其余勇，口沫横飞了。

如果听者吝于点头的话，那么说者便会觉得言论不受重视，索然无味而不愿继续下去。最后，终于产生相对而无语的情况。

4. 点头不一定是肯定的答复

关于点头方面的实验，有以下结果：

第一，当对方针对谈话内容或音律，向你做点头的动作，表示其对你某种承诺的允许及好感。

第二，在两人的谈话过程，对方点头超过三次，表示不耐烦或有否定的意味。

第三，若点头的动作与谈话情节不符，表示对方不专心，或有事情隐瞒。

5. 歪着脑袋多半表示倾听

歪着脑袋常常是一种聚精会神倾听的姿态，这不仅仅出现在人类身上，动物也有相同的表现。例如刚满三个月的小狗听到或看到吸引它注意力的新事物（如新的狗屋、第一次见面的其他动物等）时，头也会歪向一边。

当你了解了人类头部“语言”的奥秘，你就会初步判断出一个人内心的所思所想，以及当时的情绪和心理，就会为下一步的交流做好充分的心理准备。在生意场上，交流的双方往往都是在你来我往地做心理较量。一旦你洞悉了对方的潜台词，就会为自己争取更多的机会，甚至更大的利益。

法则12：当无法看穿对方表情，就从他的脸判断

如果有人提到某人时，首先映入我们脑海里的就是那个人的面孔。面孔最能反映一个人的内心世界。一个人经过岁月风霜的磨炼，表现最明显的就是面部。

人的面孔各式各样且各有特征。无论在日常生活中，还是社交场合，抑或是商务应酬场合，观察对方的脸型和脸色，在与人相处交往中，都非常重要。

有一次，小刘和小马在聊天，小刘发觉小马似乎与平时不一样，仔细留意才发现：小马虽然在微笑，但在桌下的手脚却不时颤动，而此举与谈话内容并无关联。

由此，可证明人的本性还是容易由小动作流露出来，明明心中有所牵挂，却不愿承认。

脸型不同的人性格不同。世界上没有两张完全相同的脸孔，即使难以分辨的同卵双胞胎，经过精密测定，也可以找到若干差别。

虽然如此，我们仍然可以自芸芸众生不同的脸谱当中，归纳出四五种脸型。人类学家也相信，不一样脸型的人有着不同的性格与发展倾向。身体语言大师摩里士曾经说过："人身体上突出的部分多的人，侵略别人身体领域的性格愈显著。"不言而喻，这个突出的部分指的正是下巴、鼻子及女性的乳房。特别是下巴，因为每个人生气或得意的时候都有仰起下巴且向前方突出身体领域的倾向。

以脸型来分析性格的学说，最著名的应该是柯尔曼发表的“脸孔类型的不同性格倾向”理论，我们将内容略述一下：

1. 肥满、肉多的圆形脸

喜欢遵守规范，维持传统，思想与行为都相当保守。生活节奏平缓悠闲，虽然举手投足的姿态动作较大，却不会让人有大而不当的感觉；反而有股从容不迫、悠然自行的气度。讲究闲适、规律的生活，颇受朋友欢迎，知识的涉猎偏向实用、常识性。

这种人在工作上的表现，动静皆宜，适应力颇强，会调整、改善自己的步调适应社会。

但是，这种人缺乏原创性特质。凡事求取务实，对于眼前的、具体的事较感兴趣。不愿冒险改变现状，也不太会钻牛角尖。具备妥协、调停能力。

2. 下巴部分肥满的三角形脸

这种人脸胖，脖子较为粗大，整张脸经常红通通的，显得血气旺盛之态。这种人紧张，感觉敏锐，好动，性格外向，体力充沛，吃苦耐劳，在人际交往中很吃得开，属于八面玲珑型。几乎只有一面之缘的人，都会被记入他们的资料库中，成为日后的合作伙伴。不过，他们交朋友的目的明确，所交往的朋友也局限在工作上的关系，他们很会因实际需要选择朋友，很会利用朋友的“附加价值”来赚钱或发展自己的事业。

这种人做事非常积极，敢冒险，大胆，行动快如闪电，有实践能力，颇富开拓性。这种人当老板的话，身旁一定要有值得信赖且具分析力的幕僚为他运筹帷幄，才能成事。

3. 轮廓相当明显、下颚宽大的方形脸

这种人脸庞方而大，有棱有型，给人具有男子汉气概的印象。这种人做起事来胆大过人，喜欢冒险犯难，凡事草率鲁莽，思考欠周详，容易得罪人，是属于有勇无谋型。这种人思考问题、做事缺乏协调空间，判断事情也常流于浮面、肤浅，看不到隐藏的忧患。在人际关系的处理方面爱憎分明，是喜怒刻印在脸上的典型。他们往往只和有好感的人亲近。

4. 轮廓明显、五官端正的方形脸

这种人下颚线条较柔顺，凡事崇尚中庸，既不破坏传统秩序，做事也富弹性，能力卓越，眼光远大，是典型的领导人才，具有应付变局、扭转乾坤的能力。这种人脑袋聪明，富于谋略，举止稳重，待人诚恳，颇有威望。他们处世有自己的一套原则，稳定度高，现实、理论两方面，他们有办法兼顾，生活中动静结合。

5. 下巴削尖的倒三角形脸

这种人心思细腻，凡是遇到事情想得多、想得远，尤其喜爱思索抽象性问题，容易陷在自己挖掘的思考陷阱中。

这种人对新环境的适应力不好，孤独内向，不易交到朋友。他们常给他人不合群的印象，心思细密、谨慎，采取防御姿态，性格固执，喜欢胡思乱想，好钻牛角尖；与人相处时，缺少圆滑沟通能力；做事积极、节奏快，有追根究底的求知欲望，对事物观察透彻，是很不错的智囊、策划型幕僚人才。

法则 13：对话时看着他的眼神，交易始于注视

卡耐基曾经说过：当领导走上讲台，未开口之前，通常都会先用目光扫视一下整个会场，这种扫视就起到了组织和控制的作用。这时到会者立即停止一切活动，进入听讲状态。如果会场出现冷场时，领导就会用鼓励的眼神注视下属，这样就是给准备发言者增强信心，以便他们可以踊跃发言。当全场出现纪律松懈，讲话者过多时，领导往往会投去严厉的目光，并停留一会儿，制止这种现象。所以，有经验的领导都善于用目光驾驭整个会场，使会场井然有序而又生动活泼。

眼睛能像嘴那样说话，这点毋庸置疑。在商务往来中，强手之间的博弈往往只几个眼神就已决定了谈判是否顺利进行。

人与人的对视一般分为：注视、凝视和瞥视。在人的相互反应中，“注视”与“瞥视”之间的区别往往不被当作问题，但实际上却有重要的区别。“注视”是心理上的积极行为，试图判断对象的意愿，目光的焦点明显涵盖了对象的所有部分。

两个人之间正常对话时的目光使用方法，可以通过简单推论而得知的。听说并用时，不得不一直注视对方，紧盯对方的眼睛。正常的注视情况要因对话者的性别、个性、文化形态的背景、话题、说话现状及其他几种因素的不同而有所不同，但还是能推定其对话时目光用法的类型。

各种研究调查的结果表明，对话时的目光大致有五个功能，即调整说和听交替，观察对方的反应，表达意义，表达感情，传

达相应对人关系的性质。

说话者往往是先相互注视对方之后才开始对话，不久再移开视线。阐述完自己的意见，就会观察对方的反应，同时发出自己打算听取对方意见的信号，并再次注视对方。但如果说话者不进行这种第二次的相互注视，则说明表达者还要继续说话。

对听话者来说，除了表达自己想要说话的意图，要在对方阐述一个意见后，及时看一下对方。一旦错过这一注视的时机，就等于奉还了自己发言的机会。于是，对方只能在自己已经说过的东西上添加点什么，或者连续保持拘谨的沉默。而且，相互注视的情况一旦少了起来，那就意味着：这种对话也到了结束的时候了。

对方持续移开目光，是表示似乎不感兴趣的信号，但有时却不过是对方有点害羞，或心情不佳而已。不过，判断是否害羞的手段并不存在，对方有些疲倦也说不定。

有着仓皇眼神、不断东张西望的人，同样也会使人紧张。有时，某人匆忙一瞥的视线方向能够提供其眼下关心之事的线索，但总的来说，是人们想尽快离开的信号。

对话之际，为了检视对方的关心度、理解度以及对这些话的容忍度，也常使用目光。简而言之，对方对自己的注视程度成了判断其人注意集中度的标准，进而，注视和被组合的脸部表情变化都能提供自己想要了解对方的细节。

在仔细考虑提问的回答以及对方如何反应的时候，无论说者还是听者一般都会相互移开目光，这也是调查结果已经证明的。原因似乎是，伴随着精神向内集中，人们希望对视觉的刺激尽量减少，以至于不仅移开目光，而且新入眼帘的任何东西都不能与自己眼睛的焦点重合。

眼睛作为心灵的窗户，由于能显露吃惊、害怕、愤怒、不快、愉快、悲伤以及其他种种情感，常跟脸部的其他部分连带演出。眼睛还能表现威胁、责怪、憎恨、恐吓、装傻、恳求、诱惑以及求爱之类意图。这类感情的程度差别，不仅通过眼睛和脸的外观可以传达，而且通过注视时间的长短和固定程度也可以传达。

对话中眼睛的另一个功能是听者和说者相互传达如何评价自己同对方的关系。根据某一个调查，如果我们把自己的交流对象当作中等地位的人物，则自己的注视和对方的注视均达到最大限度；如果对方的地位极高，则为中等程度；如果对方地位很低，则达到最低限度。

因此，我们在与对方交流时，尽可能地长时间注视对方的眼睛，让其认为你信赖他。只有这样，才能让交流更融洽，合作更易达成。

法则 14：细观他的眉毛，判断他打什么主意

我们常听到用眉毛所作的比喻，如：迫在眉睫，指的就是情势急迫万分。虽然我们的眉毛本身并不讲话，但它却可以通过屈皱、舒展、高扬、倒竖等种种变化表现出各种内心感情和心理活动，从而向人们传达情感信息。

在整个面部表情中，我们很难把眉毛和眼睛隔离开来分析。眉毛的动作是对眼神的一个非常充分的补充和配合。眉毛对于我们表情的功能，就是更加充分地展示我们内心深处的感情变化。每当我们的心情改变，眉毛的形状也会跟着改变，这可以被称为“眉毛的动作”。眉毛的动作所产生的重要信号有以下几种：

其一是低眉。当人们受到侵略的时候通常呈现出这种表情，因为这是一种带有防护性的动作，通常只是要保护眼睛，免受外界的伤害。当人们有强烈的情绪反应，如大哭、大笑或感到极度恶心的时候，眉毛也会产生这种情状。

很多人都把一张皱眉的脸视为凶猛的象征，而很少想到那其实和自卫也有关系。而真正带有侵略性的、一张无畏怯的脸上，呈现的反而是瞪眼直视、毫不皱缩的眉。

其二是皱眉。可以代表很多种情绪，例如：惊奇、错愕、诧异、快乐、怀疑、否定、无知、傲慢、希望、疑惑、不了解、愤怒和恐惧。我们想要真正了解其意义，只有从原因上探究。

皱眉，通常表现出的都是愤怒或非常为难、紧张的情绪！眉头深皱的人，一般都是很忧郁的。他们基本上是想逃离目前所处的境遇，但却经常因为某些原因不能如此做。如果一个人大笑而皱眉，说明这个人的心中其实是有轻微的惊恐和焦虑，他的姿势中泄露出明显退缩的信息。虽然他的笑可能是真的，但无论他笑的对象是什么，都给他带来了相当的困扰。

其三是眉毛一条降低、一条上扬。这样的形态所传达的信息介于扬眉与低眉之间，一般表示一个人半边脸显得激越、半边脸显得恐惧。而尾毛斜挑的人，心里通常处于怀疑的状态，因为扬起的那条眉毛就像是提出的一个大大的问号。

其四是打结的眉毛。一般是指两条眉毛同时上扬及相互趋近，和眉毛斜挑一样。这种表情通常预示着严重的烦恼和忧郁，比如一些患有慢性疼痛的患者就会经常如此。而急性的剧痛产生的是低眉而面孔扭曲的反应，较和缓的慢性疼痛就会产生眉毛打结的现象。

其五是闪动的眉毛。在某些特定的情况下，眉毛的内侧端会拉得比外侧端高，而呈现出夸张表情，一般人的心中如果并不那么悲痛的话，是很难勉强做到的。眉毛先上扬，然后在几分之一秒的瞬间内再降下来，这种向上的闪动的动作，是看到其他人出现时的友善表情。它通常会伴着扬头和微笑的神情，但也可能单独表现出来。

眉毛闪动也常见于一般的对话时，这是作为加强语气而应用的。每当说话的时候要强调某一个字时，眉毛就会伴随着扬起并瞬即落下，像是不断强调："我说的这些都是很惊人的！"如果一个人的眉毛连闪，是表示"哈罗"，连续连闪就等于在说："哈罗！哈罗！哈罗"。

其六是耸眉。这样的眉毛动作也经常出现在人们交谈的过程中。人们在热烈谈话时，差不多都会重复做一些小动作以强调他所说的话，大多数人讲要点时，会不断耸起眉毛，那些习惯性的抱怨者絮絮叨叨时就会这样。

其七是双眉上扬。如果一个人在谈话的过程中将双眉上扬，则表示出一种非常欣赏或极度惊讶的神情。

其八是单眉上扬。一条眉毛上场，通常表示不理解、有疑问的意思。

其九是眉毛迅速上下活动。这样的动作和闪动的眉毛很类似，一般说明一个人的心情愉快，内心赞同或对你表示亲切。

其十是眉毛倒竖、眉角下拉。如果我们看到了这样的动作，则说明对方处于极端愤怒或异常的气恼中。

其十一是眉毛的完全抬高。这表示出的是一种他“难以置信”的神情。

其十二是眉毛半抬高。表示他“大吃一惊”的神态。

其十三是眉毛正常。这样的情形出现在谈话中通常表现他“不作评论”。

其十四是眉毛半放低。一般这样的动作都用来表示他“大惑不解”。

其十五是眉毛全部降下。表示的是他“怒不可遏”的状态。

其十六是眉头紧锁。表示这个人的内心深处忧虑或犹豫不决的状态。

其十七是眉梢上扬。这表示有喜事降临的意思。

其十八是眉心舒展。表明这个人的心情坦然，处于愉快的状态中。

总之，眉毛作为我们面部的一个组成部分，充分地配合着面部其他器官做着各种动作，只要我们细心地观察，就会发现更多对我们的人际交往有价值的身体语言信息。

法则 15：根据嘴巴的动作，推断他心里所想

我们用嘴进食并且表达一定的情感。微笑时，嘴角咧开，不高兴时，嘴角下撇，这会马上牵动眼睛，影响我们的整体形象和感觉。在商务应酬和日常交往中，有的人只要观其嘴型，其意自明。有的人时常笑而不言，有的人双唇紧闭，都暗示出内心的活动。

一般来讲，嘴唇闭拢表示的是和谐宁静、端庄自然；嘴唇半开或全开则是表示疑问、奇怪、惊讶；嘴唇全开一般表示惊骇，在人际交往中，除非我们是为了沟通谈判的需要，否则不要轻易出现这种嘴部动作。

嘴角向上，这表示的是善意、礼貌、喜悦的意思。人际交往中，这种身体语言特别会让对方感觉到我们的真诚、善解人意。嘴角向下通常表示的是痛苦悲伤、无可奈何的神情。嘴唇撅着，一般都是表示生气、不满意的意思，这种表情在正式的场合出现，会被认为是不尊重对方的表现。嘴唇紧绷，多半是表示愤怒、对抗或者决心已定。而故意发出咳嗽声并借势用手掩住嘴是表示“心里有鬼”，有说谎之嫌。

尽管嘴部动作多样，但拉动嘴形的微笑始终是人类特有的动作。有的人由于个性的原因，总是给人一副严肃的面孔，会给人一种拒人千里之外之感。如果对方嘴部紧闭，没有任何动作，那么由此你可判断他对你所说的话毫无兴趣，他很想尽快结束你们目前进行的话题。显然，这次会见没有在和谐友好的氛围进行。

假如你与一个意向合作伙伴初次见面，你一定要展现出真

诚、热情的微笑。如果我们不能充分扬起嘴角，所呈现的就是一个僵硬的神经兮兮的微笑，这会让别人感到很不舒服。任何一种交流和沟通都是在彼此心里舒服的情况下进行的。

此外，一个人嘴唇的变化也会透露出其性格，这点古人早有所云："喜怒哀乐，有动于中，必形于外"。如果对方嘴部周围肌肉收缩，就表明其心生怀疑，希望抵挡住外界干涉的一种特殊信号。有一些人"上唇总是绷得紧紧的"，他们这样的目的就是为了不受自己的感情影响或他人的感情影响。

绷紧卷曲的嘴唇常常与残忍、严厉或盛气凌人的性格有关。而嘴唇总是会习惯性地向外突出的人，要么是易怒的、爱生气的人，要么就是一种忧郁性格或病态性格的信号。下垂的嘴唇和两边口角下挂意味着这是长期的悲观厌世、生气、不愉快产生的结果。与之相反的是那种乐观的、活泼快乐的性格，这样的嘴通常两边口角是向上提起的。

所以说，一个人的嘴唇的形状、厚薄、颜色对于我们的判断都是相当重要的。

健康人的嘴唇应该是红润有光泽的，而且应该上下对称。从唇的颜色来看，一般来说，唇色红润的人的消化营养必定都很好，所以精力会很充沛，能力也会非常强，性格好动、活泼，必然易趋于外向型；唇色青白的人的身体状况可能一般，或者消化营养有问题，这种人常易趋于懒散、消极、悲观，做事毫无魄力，意志欠强，是柔软胆怯之流；唇色黑的人，多数是个可共安乐而不可共患难的人。

当我们观察他人的口唇时，还有一个地方很能表示一个人的特性，那就是注意看鼻子下边直到上唇边的一道直沟。直沟短的人，表示这个人非常喜欢受到夸奖，而且是一个极敏感的人。对付这种人，夸奖是最好的武器。千万不可批评他或责备他，因为他是一个极敏感的人，即使我们是善意的，他对于我们的批评或责备也会觉得很难堪。

直沟长的人，他们常常怀疑人们的夸奖，虽然这并不代表他们不喜欢夸奖，但他们总认为人家对他的夸奖，是另有用意或有所求。对这种人，不必恭维他，可给他一点公正的批评，但不可故意吹毛求疵。假如我们具有这种特征，我们也应该知道自己的弱点——太多疑了。直沟长的人到底是少数，大部分人的直沟都是不长的。因此，假使我们没有把握辨认这点的时候，最好要多夸奖、少批评他人。

法则 16：注意他的手，它会告诉你小秘密

一天，董经理的一个大客户来公司拜访他和他的团队，详细谈到即将到来的节日促销。在谈话的过程中，这位客户突然靠在椅背上，大笑起来。她搓着双手，大声喊道："这个方案差不多够好了。"她用身体语言的方式告诉大家，她期望这次节日促销获得很大成功。

人们用搓手这种身体语言表达一种美好的期望。掷骰子的

人用手掌搓骰子，表示期望成为赢家。主持仪式的人搓手掌，并对听众说，“我们早就期待着下一个发言人。”兴高采烈的推销员跑进销售经理的办公室，搓着手掌说：“老板，我们得到了一笔很大的订单！”服务员在结束营业时走到你的桌子旁，搓着手问道：“先生，还需要点什么？”他则是用身体语言的方式告诉你：他期待着小费。

当一个人急速地搓动手掌时，他用这个动作告诉对方，他将得到他所期待的结果。例如，假定你打算购买一栋房子，去找房地产经纪人。经纪人向你描述了你期待的房产以后，急速地搓着手掌说，“我恰好有一处房产符合你的条件。”经纪人的意思是，他希望这个结果对你有利。但是，如果他慢慢地搓着手，对你说，他有一处理想的房产，你会有怎样的想法呢？你会认为，他狡猾可疑，结果可能对他有利，而不是对你有利。于是，推销人员被教导说，如果向可能的买主描述产品或服务，一定要使用急速的搓手掌姿势，以免顾客产生怀疑。当顾客搓着手掌，对推销员说，“让我看看你们能够提供些什么！”这意味着，顾客希望看到好的东西，可能要购买。

有一点，我们要提醒读者：在寒冷的冬季，有一个人站在公共汽车站，他急速地搓着手掌，那是因为他等车，手冷。

另外，搓拇指和指尖或者搓拇指和食指，这个动作通常是用来表示希望得到钱。推销员常常搓着指尖和拇指，对顾客说，“我可以给你打六折。”有人搓着拇指和食指对他的朋友说：“借给我十块钱吧。”业务人员同客户打交道时，显然应当避免这样的姿势。

那么，双手攥在一起传递的心理信号是什么呢？乍看起来，这个姿势似乎是表示信心的，因为人们采取这个姿势时，往往是满面笑容，心情愉快的。然而，有一次，听一个推销员描述自己是怎样失去一笔生意的。我们注意到：他谈着谈着，双手不仅攥在一起，而且手指开始变白，仿佛被焊接在一起。这个姿势实际上显示了一种失望或敌对的态度。

心理学家尼伦伯格和卡列罗对攥手姿势进行研究后，得出这样的结论：这是一种失望的姿势，反映此人克制着一种消极的态度。这个手势主要采取三种姿势：在自己的面前攥手；把攥起的手放在桌子上；如果是坐着，把手放在膝盖上；如果是站着，把手放在大腿前。

手举起的高度和此人心情不好的程度之间似乎也有一定的关系。这就是说，手举到最高的人难以对付；而手举到不太高的人则比较好对付。像所有的负面姿势一样，必须设法使此人的手指松开，露出手掌。否则，敌对态度将始终保持下去。

还有一种典型的手的姿势：指尖相碰。一般来说，姿势是一系列的，就如同组成句子的词一样，必须根据上下文来理解。不过，指尖相碰的姿势是个例外，它往往是孤立的，同其他姿势没有联系。采用这个姿势的，是这样一些人：他们自信、有优势感，很少使用身体语言。他们使用这样的姿势来表达自己的自信。

我们对这个有趣的姿势的观察和研究表明：它常常被用于上

下级的关系中。它是一个孤立姿势，表示自信和无所不知。经理们给部下发号施令时，常有这个姿势。这在会计师、律师、经理之类的人群中尤为常见。

这个姿势分为两类：高举姿势和放低姿势。高举姿势通常是在谈话和发表意见时采取的；而放低姿势一般是在倾听他人说话时采取的。尼伦伯格和卡列罗指出，女性往往采取放低姿势。采取高举姿势时，头往后仰，显示出一种洋洋得意或骄傲自满的样子。

虽然指尖相碰是一种积极的姿势，但它既可以用于积极的方面，也可能用于消极的方面，很可能被误解。例如，推销员向顾客推销产品时，可能做出一些积极的姿势，包括：张开的手掌、倾身向前、仰起头，等等。推销结束时，顾客可能采取一种指尖相碰的姿势。

如果指尖相碰的姿势是在其他一些积极的姿势之后采取的，说明推销员解决了顾客的问题，他可能获得订货。另一方面，如果指尖相碰的姿势是在一些消极的姿势（如双臂交叉、双腿交叉、目光转向别处，以及许多手碰脸的姿势）之后采取的，那就表明，这位顾客认为推销员没有解决自己的问题。

在上述两种情况下，指尖相碰的姿势都意味着信心，但对推销员来说，一个是积极的，一个是消极的。指尖相碰姿势之前的动作才是最后结果的关键。

法则 17：掌握握手的度，交流轻松更自如

普遍接受的习惯是，第一次见到一个人时，总要握手。然而，在某些情况下，你首先伸出手去，可能不明智。鉴于握手是一种表示欢迎的方式，那么，在你握手之前，你首先要问几个问题：我受欢迎吗？此人喜欢会见我吗？对方是否会因患有某种疾病而不方便握手？

一般来讲，见面时，当你伸出手时对方没有迅速做出握手的回应，你就应该把手大方地收回，然后点头致意。因此，多数推销学员都不会主动地去跟毫无心理准备的顾客握手。

握手的风格主要是以下几种。

手掌向下，伸出手来，这是最咄咄逼人的握手姿势，因为它使对方几乎没有机会来建立平等的关系。这种握手的方式被咄咄逼人的霸道男子所采用，他总是首先伸出手来，手臂僵硬，手掌向下，迫使对方只好顺从，因为他的手掌必须向上。

有几种方法可以对付手心向下的姿势。你可以采取向右转的做法。但有时这种方法很难采用，因为主动握手的人，往往胳膊僵直，阻止了你采用这种对策。你可以耍个花招，从上面抓住对方的手，摇动它。采用这个方法，你变成了控制的一方，因为你不仅控制了对方的手，而且你的手心向下的手掌凌驾于他的手掌之下。由于这可能使对方感到尴尬，我们建议，采用这个方法要十分小心谨慎。

手套式握手有时叫作政客的握手。主动采取这种握手方式的

人试图给对方一种诚实、值得信赖的印象。但是，如果用这种方法对待刚刚见面的人的话，效果可能适得其反。对方可能对此人的意图持怀疑态度。手套式握手只能用于非常熟悉的人。

最不受欢迎的姿势莫过于“死鱼式的握手”，特别是当手是冷冰冰、潮腻腻的时候，更是如此。“死鱼式的握手”给人一种软绵绵的感觉，普遍不受欢迎。大多数人认为这是性格软弱所致，主要是因为这样很容易把手掌反过来。令人惊讶的是，许多采取“死鱼式握手”方式的人是不自觉地这样做的。如此，最好是请你的朋友对你的握手方式做出评价，然后再决定，你将来采取什么样的握手方式。

还有一种叫作“钳子似的握手”。遗憾的是，没有有效的办法来对付它。

像手心向下的握手一样，僵硬的握手往往为好战分子所青睐。其主要目的是使你保持距离，不要进入他的“亲密地盘”。

捏手指的握手，像僵硬的握手一样，偏离了目标。采取这种方式握手的人错误地捏住对方的手指。虽然这种人可以对对方充满热情，然而，事实上，他对自己缺乏信心。像僵硬的握手一样，捏手指握手的主要目的也是为了和对方保持一定的空间距离。

双手握手的意图是向对方表示诚恳、信任和深沉的感情。两个重要的因素应当予以注意。第一，左手被用来传达额外的感情，左手摸着对方的右臂往上走。例如，抓肘握手所传达的感情比抓腕握手要多，抓肩握手所传达的感情比抓上臂握手要多。第二，此人左手的动作意味着侵入对方的“亲密地盘”。一般来说，抓腕和抓肘的动作只有在好朋友或亲戚之间才能被接受。抓肩和抓上臂的动作侵入对方的“亲密地盘”，可能涉及身体的实际接触，只有在握手的时候感情非常冲动的情况下才能如此做。除非双方都表达了额外的感情，否则，如果此人没有充足的理由用双手握手的话，对方会怀疑他的意图。

我们常常看到，政府和推销员用双手握手来欢迎他们的选民或新的顾客，他们没有认识到：这样做的效果可能适得其反，使得对方敬而远之。因此，在社交场合既要把握握手的时机，又要掌握握手的火候，切勿过犹不及。

法则18：观察他的手指，上面有他的内心

正常情况下人都有5个手指，而每个手指的姿势、动作所传递的心理信号是不同的。

1. 拇指传递的心理信号

在手相术中，拇指代表着坚强的性格和以自我为中心。对拇指的身体语言应用也是这样。拇指被用来显示控制权、优越感，甚至“侵略性”。拇指的姿势是次要的，搭配着姿势群。拇指的姿势是积极的信号，“冷静的”经理在部下面前经常采用这个姿势；讨好女人的男人在女性伙伴面前总是采用这个姿势；那些衣着打扮高贵典雅的人也是这样；衣着时髦的人比衣着破旧的人更

经常采用这个姿势。

如果此人口头上的表示与内心相矛盾的话，表示优越感的拇指姿势会变得最为明显。例如，律师用低沉温和的语调对陪审团说，“陪审团的女士们和先生们，以我的愚见……”但与此同时，他却做出控制性的拇指姿势，把头往后仰，眼睛瞧着鼻子尖儿。

这使得陪审团感到，这个律师是不真诚的，甚至是自命不凡的。如果这个律师想表现得谦卑，他应当在走近陪审团时，一只脚迈向前，敞开上衣，张开手掌，身体稍微前倾，对陪审团表示恭敬。

拇指常常从人们的口袋里露出来，有时从背后的口袋里神秘地露出来，他原本是想掩饰自己的霸道态度。霸道的或者“侵略性”的女性也采用这个姿势。女权运动使她们能够采取男性的许多姿势。除此以外，采取拇指姿势的人还往往踮着脚，以便使他们显得更加高大一些。

另一个常用的拇指姿势是双臂交叉、拇指向上。这具有双重信号：消极态度的信号（双臂交叉）和优越感的信号（拇指露出）。采用这种双重姿势的人通常采用突出拇指的姿势，并且踮着脚。

当拇指被用来指向他人的时候，它也可能是嘲笑或者不尊敬他人的信号。例如，丈夫靠在朋友的身上，用攥着拳头的拇指指着妻子说：“你可知道，女人是一丘之貉。”在这种情况下，摇动的拇指是被用来挖苦这个不幸的女人。

因此，对大多数女人来说，用拇指指着她们，是最令她们恼火的，尤其是当男人如此做时，她们就更为气愤。女人中间较少使用摇动拇指的姿势。不过，她们有时也用这个姿势指着她们的丈夫或者她们不喜欢的人。

两个男人之间成功的、强有力的握手，保证了充分的接触，没有一方的手会有后退的表现。如果说一方的大拇指——主宰手指——在施加压力的话，另一方也不甘示弱。

2. 食指传递的心理信号

食指显著的特点是敏感性。如果要触摸什么东西，我们总是使用食指。拇指和食指用来测定物体的结构。感觉灵敏的食指为我们提供精密的信息。

谈话时经常使用食指的人，给人的印象总是在训人。举起食指，但是把手心对着说话人，显然是打断别人的话，但还是不要那么突兀。

如果把手转成直角，那么食指的这个手势就变成了一种威胁信号，因为它可以进行劈、刺、钻等动作。如果食指自上而下，朝一个点刺去，那么这种气势就达到了淋漓尽致的程度。为了缓冲一下气氛，常常可以使用替代物：不是用食指，而是把铅笔作为手的延长器官，敲击要害部位。

3. 中指传递的心理信号

中指体现自我。哪个人不认为自己是世界的中心？虽然没有人敢往这方面去想，但在私底下，每个人都是不由自主地这么想。在许多文化中，中指是阴茎的象征，这不是没有道理的，它具有一种挑衅意味："我比你有能耐！"

我们中大多数人都是无意识地使用中指发出信号。在六岁的小孩子身上，我们观察过，当小孩跟几个哥哥说话时，为了表现自己，他是如何使用中指的。在谈话时触摸、抚弄或者按摩自己中指的人，有一种自我表现的欲望。不要把这个跟支配人的行为等同起来。后者是为了占上风，而前者则是求得别人的赞赏。

4. 无名指传递的心理信号

无名指也称戒指指，表示情感。它跟自我表现的中指协同动作，也能单独表现出优雅的、柔情脉脉的气质。在谈话时触摸、抚弄无名指，表现了动作发出者对温情的需求。他们期待别人情感上的关怀，而不是理智上的解释。

5. 小指的心理信号

小指是社交性手指。它的作为不大，但是无所不在。把杯子送到嘴边时翘起小指，这个动作看上去有点可笑、矫揉造作，但这原本是为使动作美观一点。这个动作是宫廷时代流传下来的，其时背后隐藏着一个要求："别忘了，我还在这里呢！"抚弄小指的人是想把别人的注意力吸引过来。

6. 手指交叉传递的心理信号

手指交叉，说明什么呢？把两手的手指交叉，是感到自己的情感和理智处于平衡状态，是一种自我封闭。当然，任何压力都会阻碍这些人敞开心扉。

7. 食指交叠传递的心理信号

如果谈话时，对方两个手的食指跟伸出的拇指交叠，这表示什么呢？有人把这个称之为“双枪”。两个自以为是的食指跟显示双重优越性的拇指交叠，表明箭在弦上。持这种姿势听别人说话的人，往往会把指尖顶着自己的嘴，好像在等待别人的方案中出现漏洞。

如果你看透了这个把戏，就可以在你认为有利的时机，把你的弱点暴露出来；如果你知道该如何回击谈话对手，那你就算是赢了。

法则 19：留意腿脚动作，得知他赞同或否定

在某公司的一次有许多经理和销售人员参加的特别会议上，当公司发言者对经理们的管理水平提出批评时，与会的经理们个个表现得无精打采，无声无息，坐在那里臂腿交叉，懒散发呆，几乎连大气都不敢出，并且显示出种种表示异议和防御性的身体语言信号。但是，十分有趣的是，当这位发言人转了话题，开始讨论经理的作用与推销员的关系时，几乎所有的与会者都顿时振作起来，并将腿的姿势变成了一种美国式的腿交叉姿势。显然，这些经理此时从内心对发言者的观点有所评价并产生了赞同。

腿处于人身体的下部，也称为下肢，因为它处于下部，人们投射的视线是有限的，这就大大限制了它的行为，但因为它占了身体近一半的面积，所以它的存在又是无可替代的。

足部是指膝盖以下的部位，包括“胫”与“足”。足部虽处

于身体的最下端，但是在人们的日常生活中，无论是坐着还是站着，足部都是容易被看见的，所以足部动作所传达的信息也容易被对方看到。身体语言学家认为足可以表达一个人的欲求、个性和人际关系。

如果与你交谈的对象双腿交叉并用两只手紧紧扳起其中的一条腿，这就说明他在讨论中拒绝劝说的下意识反应，意即：我的主意与身体一样，固定在这儿，不会改变一丝一毫。事实表明，扳腿动作在各种场合都广泛地出现。

如果对方下意识地摸摸自己的腿，释放的便是友好的信号，希望交往继续。如果对方踝对踝双腿交叉，则表示其心里很放松。

一个专注的人坐在椅子上，身体往往前倾，双腿不交叉。而一个人，如果他是轻松的，或处于优势的，就不必摆出一副准备就绪的姿态。这一动作是双腿交叉中最温和的姿势，因此它是礼貌庄重的，是常出现在正式集体照中的坐姿。比如，对女王而言，在公共场合绝不可能见到她除此之外的双腿交叉的姿势。这种姿势也被广泛地使用在各种场合。

还有一种典型的社交动作，即膝对膝双腿交叉，这一动作在欧洲男性与女性都可以使用，而在美洲使用者则多局限于女性。因此，一些上了年纪的美洲男子发现欧洲男子也这样坐着时，非常不安，对他们来说，这个姿势非常的女性化。

如果对方坐在椅子上时，一只脚的踝关节置于另一条腿的膝盖上。那么你就要注意了，这是男性双腿交叉的主流姿势，颇具进攻性与男子气概。而在远东，这一动作会招惹麻烦，人们认为露出鞋底是一种严重的侮辱行为。在东方国家，如泰国和日本，也认为这一动作十分粗鲁，在这些地区这种动作非常少见。这种姿势广泛分布于西方世界，在美国尤为常见，特别是中西部地区。

鞋尖的指向可表现人际关系的亲密程度。譬如说，你和对方站着谈话，你们的鞋尖相对，距离不远，而且基本上在一条直线上，别人就可以从脚尖的指向判断出你们二人关系的亲密程度。如果你们的鞋尖构成一个封闭的共有势力范围，不容他人介入，表明你们不需要别人打扰。如果二人鞋尖的位置呈直角或60度左右的角度，那么从你的位置只能看到他的侧脸，这表明二人的关系并不深厚的。

摇动足部，或用脚尖拍打地板所表达的意思与抖腿动作相仿，也表示焦躁、不安、不耐烦，或为了摆脱紧张感。男性足踝交叉的坐姿，往往表示在心理上压制自己的表面情绪，如对某人某事采取保留态度，表示警惕、防范，或表示尽量压制自己的紧张或恐惧。从事公共关系工作的人总是要设法解开这种姿势，以造成开放而亲近的气氛。

一般来讲，公司老板、主管会将腿高架在桌子上、抽屉边而坐，或身体斜倚门边指示工作，强烈地传达两种身体语言意义——“自信”与“对公司所有权的宣示”。除了“跷足以待”的姿态外，身体仰躺、双手交叉在脑后，与将腿跨架在扶手上坐着等，也都是自信度的展现。

如果谈话双方都架起双腿，会出现哪些内涵丰富的格局呢？如果两个人并排坐着，叠起双腿，而膝盖顶相对，交际就会受阻，因为两个对手只能“越过冰冷的肩膀”谈话。如果膝盖顶的方向相反，就会形成一个通道。由于大腿交叉的方向不同，甚至对外会构成一个屏障，使谈话在一个受保护的空间中进行。平行的运动表现出某种团结的气氛。

因此，在社交场合，只要你用心留意对方腿脚的变化，将更容易探明对方内心所想。从而有利于你推断出交往是否能继续，交易是否能达成。

法则20：看穿他的谎言，识破他的伪装

一个人所共知的事实是：绝大多数人都说过谎，而且尤其是在竞争激烈的商业社会。人与人之间进行的更多是心理的较量。我们不能轻易听信对方的言辞，而要掌握破译谎言的诀窍。一般来讲，但凡撒谎的人都会在不经意间表现出来，无论他怎样伪装。

尽管谎言构成了与他人交往的重要部分，但我们并不善于区分哪些是真的，哪些是假的。事实上，90%的谎言都伴随着身体语言，身体语言就像罪犯的指纹，总要留下痕迹。

最常见的伪装是“面无表情”和微笑。“面无表情”只需要一点点努力就能做到，为了伪装自己的负面情绪，所有的撒谎者

都需要让脸部保持镇静。而以微笑作为伪装就需要更多的努力，因为这意味着一个人感到快乐和心安，换句话说，体验通常与谎言无关的情绪。

谎言的最佳提示，要从人们的言语而不是行动中寻找。英国朴次茅斯大学的阿尔德特·威瑞认为，人们在试着抓出撒谎者时，过多地注意身体语言的行为，不太注意言语。交谈有几个特征，给识别谎言提供了线索。有些特征涉及他们说话的内容，有些特征涉及他们说话的方式。

1. 迂回陈述

撒谎者往往拐弯抹角地说话。他们常常离题万里，提供冗长的解释。但是被提问的时候，他们可能提供简短的回答。

2. 泛泛而论

撒谎者的解释往往是粗枝大叶，很少注意到细节。所以，如果你要求一个撒谎者做详细说明，他很可能只是重复刚说过的话。

3. 施放烟幕

撒谎者往往故意把水搅混：它们听起来好像一清二楚，实际一塌糊涂。因逃税而被控制的纽约市前长大卫·丁金斯的辩护词这样说："我没有犯法，我只是没能按照法律要求的去做。"

4. 矢口否认

政治谎言往往以矢口否认的形式表现出来。撒谎者更可能使用否定性的陈述。比如说，在水门事件期间，尼克松总统说："我不是个骗子。"尼克松总统并没说："我是个诚实的人。"

5. 斟词酌句

撒谎者很少提及自己。与讲真话的人相比，他们使用诸如“我”“我的”之类词语的频率低得多。撒谎者往往泛化，频繁使用诸如“总是”“从不”“没人”“人人”等词，借此在精神上使自己远离谎言。

6. 免责声明

撒谎者更有可能使用诸如“你肯定不会相信这个”“我知道这听起来很怪异，但是……”“我向你保证”之类的免责声明。类似于这样的免责声明，是专门用来针对别人的疑心的，目的在于减少别人的疑心。

7. 措辞拘谨

当人们在非正式的场合说真话的时候，他们更可能使用省略方式。比如，他们不说“do not”而说“don’t”。在同样的场合，撒谎的人却可能说“do not”而不是“don’t”。之所以如此，是因为人在撒谎时，变得更紧张也更正式。

8. 时态

撒谎者没有意识到，他有一种倾向，就是加大他们与他们所描述的事件之间的心理距离。正如我们已经看到的那样，他们这样做的一种方式是斟词酌句，另一方式是使用过去时，而不是现在时。

9. 语速

人们在撒谎前通常会停顿一下，撒谎的语速往往比讲真话的语速慢。当然，如果谎言被小心翼翼地排演过，情形自然不同。

10. 停顿

撒谎者撒谎时多有停顿，某些停顿充满了“嗯、啊”的语言顿字符。编织自发的谎言时涉及的认知工作也会导致更多的语误、口误和“开口错”。

11. 音高

情绪与音高紧密相关。当人变得情绪化的时候，音高就会改变。音高的改变是很难掩饰和隐藏的，虽然没有绝对可靠的识别谎言的方法，但你还是可以做些事情，以增加识破撒谎者的可能：

一是要成功地识别一个谎言，你需要把你的标准定得既不高也不低。这样你可以避免得出这样的结论：要么从来没人撒谎，要么人人始终撒谎。

二是只要有可能，就要把下列两者加以对比：其一是某人被认为是在撒谎时的行动，其二是他在说真话时的行为。

三是为了成为一个优秀的谎言识破者，你还应该关注意识控制之外的行为，或者人们容易忽略的行为。

四是如果有机会，把你的注意力更多地集中在他人说了什么以及如何说上面，而不是他们做了什么。

五是搞清楚那个谎言可能是自发的还是经过预演的，是低赌注的还是高赌注的，这一点很重要。在赌注很低或那个谎言经过了预演时，完成识别谎言的任务要困难得多。

六是要想识破一个谎言，你应该始终注意更广泛的行为线索和言论线索。如果你认为依靠单一线索就识破了一个撒谎者，那你是在自欺欺人。

第三章

先交朋友再谈生意：

巧将人脉变财脉

善于应酬的人总能如鱼得水、左右逢源，而玩转商务应酬的人事业做得多是风生水起。尤其是现今多元化飞速发展的时代，社会就如一个时刻运行的巨大机器，每个人都不可能独立地让机器顺利运行。一个人素质再高、能力再强，如果他不能集合别人的能量，就不可能获得超凡的成就。而要想借人之力，这就要有好人脉。有了好人脉，财源滚滚来。

法则21：朋友多了路好走，珍惜你的商务资源

美国哈佛大学教授团曾于1924年在芝加哥某厂做了“如何提高生产率”的实验。他们发现，人际关系是提高生产率的关键所在，“人际关系”一词由此而生。后来，人们进一步发现，事业成功、家庭幸福、生活快乐都与人际关系密切相关。影响人生成功的因素中，专业技能仅占15%，人际沟通能力占85%。因此说社交是事业成功的助推器绝非夸大其词，而商务应酬更是决定生意成败的关键点。

从前，有两个饥饿的人同时得到了上帝的恩赐：一根鱼竿和一篓鲜活硕大的鱼。其中，一个人要了一篓鱼，另一个人则要了一根鱼竿。带着得到的恩赐品，他们分道扬镳了。

得到鱼的人走了没几步便用干树枝搭起篝火煮起了鱼。他狼吞虎咽，还没有好好体味鲜鱼的肉香，一会儿，连鱼带汤就都被他一扫而光。没过几天，他再也得不到新的食物，终于饿死在了空鱼篓的旁边。另一个人则提着鱼竿继续忍饥挨饿，一步一步艰难地向海边走去，准备用鱼竿钓鱼自救。可是，当他已经看见不远处那蔚蓝的海水时，浑身的最后一点力气也使完了，他也只能眼巴巴地带着无尽的遗憾撒手人寰。

上帝摇了摇头，决心再发一回慈悲。于是，又有两个饥饿的人同样得到了上帝恩赐的一根鱼竿和一篓鲜活硕大的鱼。这次，

这两个人并没有各奔东西，而是商定互相协作，一起去寻找大海。一路上，他们饿了就每次只煮一条鱼充饥，以有限的食物维持他们遥远的路途。终于，经过艰苦的跋涉，在吃光了最后一条鱼的时候，他们到达了海边。从此，两人开始了以捕鱼为生的日子，每天都能吃饱了。几年之后，他们盖起了房子，有了各自的家庭、子女，有了自己建造的渔船，过上了幸福安康的生活。

几十年后，他们居住的海边发展成为一个村落。村里人都继承了两位创业者留下的传统，互相协作、互相帮助、取长补短、共同发展，渔村呈现出一片欣欣向荣的景象。

上帝看到这一幕，终于欣慰地笑了。

在竞争的社会中，个人的力量毕竟是有限的，只靠自己的积累是不够的。我们在到达自己希望的成功的路途中始终需要别人。你也许可以忽视旁人，又或许你选择与人对立，但如果你想在生活中获取伟大的成就，就必须与人和睦相处，互为资源。你个人的目标恰巧与另一个人相同时，共同合作不但会使你减轻负担，而且产生的效果远比你单打独斗所能达到的程度更佳。

今天，人与人之间的互相依赖越来越重要。不论在哪一个专业领域，单独一个人想独立地达到事业的顶峰，都是不可能的事情。足球队员都知道，一个人不可能在每场比赛里都是明星。每一场胜利都需要大家一起努力去争取。只有在任何状况下队员都竭尽全力，不管是带球前进还是封堵对方，才会有胜利的机会，队里的每一个人才会都是赢家。

许多成功的生意人都意识到朋友对自己事业成功的重要性。

美国成功学大师卡耐基说："专业知识在一个人的成功中只占15%，而其余的85%则取决于人际关系。"朋友所具有的资源，对你来说是一种潜在的无形资产。如果你善于整合它，无疑就抓住了事业成功的85%。

当然，使用朋友所拥有的资源并不是无偿的，你也要拿你所具有的那一份来交换，让朋友分享你的资源，以从中获益。

法则 22：人脉无价，守护好你的无形资产

人脉资源是一种潜在的无形资产，是一种潜在的财富。虽然，表面上看来，它不是直接的财富，可生意人没有它，就很难聚敛财富。不是吗？即使你拥有很扎实的专业知识，而且是个彬彬有礼的君子，还具有雄辩的口才，却不一定能够成功地促成一桩生意。但如果有一位关键人物协助你，为你开开金口，相信你的生意一定会一帆风顺。

人脉资源越丰富，赚钱的门路也就越多；你的人脉档次越高，你的钱就来得越快、越多，这已经是有目共睹的不争事实！

仔细分析一下生意人做生意所需要的各种因素，不外乎以下三种：

首先便是资金。而资金在银行里。

其次是技术。这也不用担心，因为有人以贩卖技术为生，所以你当然也能够买得到。即使找不到，和其他公司进行技术合作

也是可行的。

所以，事业成功与否的最重要因素，便是人。

人、技术、资金这三大条件的核心就是“人”。如果你有足够丰富的人脉资源，那么资金和技术问题就能迎刃而解了。所以“人”才是决定你事业成功的关键。

作为生意人，当你一筹莫展的时候，一定有“如果和那位关键人物能够牵扯上关系，那办起事来可以方便多了”的感触吧！因为，只要我们和那些关键人物有所联系，当有事情想要去拜托他或是与其商量讨论时，总是能够得到很好的回应。

这种与关键人物取得联系的有利条件，就是“人脉力量”。事实上，人脉资源越宽广，做起事来就越方便。每个生意人都希望那些有影响力的大人物能够助己一臂之力，使他们在事业的发展上，能够少遇些障碍。可见，搭建丰富有效的人脉资源是我们到达成功彼岸的不二法门，是一笔看不见的无形资产！

所以，在做生意的过程中，你要在乎的不仅仅是赚了多少钱，积累了多少经验，更重要的是你认识了多少人，结识了多少朋友，积累了多少人脉资源。这种人脉资源是你宝贵的无形资产，拥有它之后，今后一旦遇到什么困难，你就知道该打电话给谁请求帮助了。

别小看你平日里积累起来的人脉资源，它将是你终身受用的无形资产和潜在财富！有人脉才有竞争力。很多时候，人脉就是评估生意人是否有竞争力的标准。人脉越多，在商场上的竞争力就越强。

在现代商业社会，生意人要生存、要发展，就必须具有较强的竞争力。生意人之间的竞争不仅包括才能、素质等方面的条件，还与人际关系有着重要的关联。有好的人缘，做起生意来就会得到众人的支持，在与其他生意人的竞争中就会处于优势地位。而人缘差的话，在你困难的时候就得不到帮助，甚至还会有人乘机跳出来踩你两脚，这样一来，在竞争中你就会处于劣势。

江苏的洪先生经营着一家服装厂，他主要是做出口生意，很少内销。洪先生常说："眼睛只盯着钱的人做不成大买卖。买卖中也有人情在，抓住了这个人情，买卖也就成功了一半。"洪先生对此是深有体会的。2000年服装厂还是一个只有几十个人的小厂，凭着质优价廉勉强在国际市场上混口饭吃。有一次，一个法国客商订购了50套西装，洪先生按照对方的要求包装完毕后运到码头准备发货，就在这时，这个法国客商却突然打来电话请求退货，原因是该客商对当地市场估计错误，这批货到法国后将很难销售。退货的要求是毫无道理的，洪先生大可一口拒绝对方，反正合同都已经签了，但经过两天的考虑，洪先生却决定答应对方的退货请求，因为对方答应支付包装、运输等一切费用，这批服装由于是外贸产品，在国内市场上应该可以销售得出去，所以洪先生等于没有什么损失。而最大的好处是他这样做等于是帮助了法国客商，双方将建立良好的合作关系。

事情果然正如洪先生所料，法国客商非常感谢洪先生的大度，表示以后在同类产品中将优先考虑洪先生的产品，他还不断向自己的朋友夸奖洪先生，为洪先生介绍了很多的生意。就这样洪先生以他富有人情味的生意经成功地在国际市场上站住了脚。两三年内，洪先生的工厂不断扩建，现在有六百多名工人为他工作，他的生意越做越大。

洪先生是非常聪明的，他清楚地认识到人缘对生意的重要性。如果当时他拒绝了法国客商的退货，那么虽然他做成了一笔生意，但却会损失了这个客户。而答应了退货的要求表面上吃了点亏，但他却交到了一个朋友。孰重孰轻，明眼人一看就知道了。

当今社会，人脉对生意人的发展带来的影响越来越大，所以，我们除了要努力加强自己的才能外，还要注意搞好人际关系，让自己有个好人缘，这样才能适应日益激烈的市场竞争，并在竞争中取胜。

法则23：纵有万贯家财，抵不过一个好人缘

好习惯都是日积月累、慢慢培养起来的，因此，在日常生活工作中，更要提前培养自己的结交意识，以备不时之需。当有人把友谊之球投掷过来时，你就要好好接住，并好好地回掷过去。现在一些公司大都设有服务部门，只要顾客有所要求，办得到的立刻去办，办不到的也绝不敷衍，这样会使顾客产生莫大的被尊重与依赖感，奠定继续往来的基础。

任职于贸易公司的业务员王先生，总是把他的客户细心分类

编排，按时间、地点与生意上的往来，随时邮寄明信片，表达各种不同的信息，让客户时时注意到他的存在与关心。文字迥异于声音，它不会瞬间即逝，比电话、当面晤谈等都从容得多，让人有更宽阔的空间来施展。

不要轻视这个小小的明信片的效用，事实上勤写信、寄明信片的人往往是最善于交际的人。并非因为喜欢写才写，而是着眼于当时状况，给予适当回馈的一种表达方式。但若不谙时机，太迟或太快寄出明信片都是不当的，甚至可能得到反面效果。

若你是个不善于与人交谈的人，就好好利用文字打开对方的心。不需要华丽的辞藻，熟练的技巧，只需诚心诚意表达与对方沟通的内容。面对面的直接接触常让人紧张，匆忙之间往往不能将最重要的事情完全表达出来，文字的沟通则可用最充裕的空间舒畅地表达出来。

最常见到的大约是谢函。就算是第一次相遇，了解不多的人，只要具体表示和对方相遇的喜悦及一些关心，即可构成一封完美的谢函。若是接触机会频繁的人，则更该将谢函视为必要的礼节，将机会善加利用，将对方转变为生活上的朋友，便是你人生的一大收获。

把好意传达给对方，给他充分的关心。试想若人们平常的行为中有此表现，则人际关系必定会和谐愉快。如果不了解这种基本原则，又想建立良好的人际关系，无异是在原地踏步罢了。

在现代社会里，有很多人只希望得到立竿见影的效果，否则便不愿付出。此种以利益计算为先的人际关系，是不堪一击的。

商业上的竞争来往原本是功利至上且锱铢必较的，但把它应用在人与人之间的交往中却是欠妥的做法。

真正懂得交往之道的人，应该是在自己能力范围之内尽量“给予”。常常考虑到对方的立场、需要，凭借一己之力帮助对方，并沉醉于此种喜悦当中，却不去想自己会得到什么好处，完全是一种发自内心的诚意。而面对此种不求回报的人，只要稍微有心，一般人绝不会毫无回礼的，也会在能力所及的范围内与你合作。透过此种交流，彼此关系自能越来越亲密，终至成为真正的朋友。

在日常生活中遇到意想不到的人或事，往往会带给人意外之喜。这种情形下，心中常常只有感动二字。所以，为了要让自己在对方脑海中留下深刻的印象，一些意想不到的行动是很具效果的。

例如，突然想到找一位相识的朋友，可能只是顺道拜访，但足以让人开心。因为他会觉得你是关心着他的，否则不会想起来去拜访他，此时他自然会对你另眼相看。

人是高级的感情动物，注定要在群体中生活，而组成群体的人又处在各种不同的阶层和属性中，坚持以上几项原则，就有利于你在社会上建立一个好人缘。只有人缘好，才更加有自信，办起事来才能如鱼得水。事实证明，没人缘的人在办事时常常会陷入进退两难的境地。

总之，具有结交意识的人相比其他人，总是会结交到更多更好的朋友，朋友一多，遇到困难就容易得到别人的支持和帮助。

因此，这样的人其办事能力较一般人有明显的优势。因此，好人缘才是取之不竭的财富源泉。

法则24：人缘就是钱缘，人脉就是财脉

常言道，宁可不结交君子，也不要结交小人。无论何时即使没有好人缘，也不要人缘差。人缘对于推动生意人事业的发展是非常重要的，我们无论做什么事情都要注意培养人缘，即便在竞争激烈的生意场上也要如此。人缘作为一种人与人感情联系的结果，是人们平时努力争取得来的。

著名青年企业家蒋云天就是利用人缘取得成功的一个好例子。

蒋云天有很多的外国朋友，这其中既有外国的企业家，也有外国的一些著名人物，如美国著名银行家凯雷和日本企业家山田风。

云天科贸有限公司刚刚成立，蒋云天马上就想到应利用凯雷的国际影响，推动云天公司走向世界。于是，他便向凯雷发出了邀请，凯雷欣然应邀。此后，凯雷多次访问云天科贸有限公司，为公司快速地与世界各国建立广泛的联系起到了很重要的作用。

蒋云天非常重视人缘的建立与维护。他常常做出一些超越公务关系，表示私人友情的举动。一次有个日本客户对蒋云天说，最近一个时期实在太紧张，突然脱发。记在心上的蒋云天回国

后，马上买了20瓶疗效较好的毛发再生精送给他。此外，他还送给客户一件中国瓷雕，在包装的瓷盒上印了那位日本企业家的名字。他说："这些礼物并不贵重，只表情谊。"

蒋云天不但重视与著名人物的交往，对普通客人同样是有情有义。

一次，蒋云天接待一位德国客户。下飞机的时候，正好下了大雨，那位客人浑身湿透了。蒋云天见后立刻叫人把那位商人的衣服弄干，烫平，十分钟内送还。那位德国客人为此深受感动，不仅谈成了生意，而且还成了蒋云天的好朋友。

蒋云天曾经说过："买卖不成人情在，这是中国老商家的法宝之一。生意人要讲究商业渠道，但同时必须讲究人情渠道。有时人情渠道比商业渠道更重要。板起面孔硬碰硬，一定做不好生意。俗话说商场如战场，但商场毕竟不是战场。商场要用心用情。"

我们再来看看下面这个事例：

江某在S市的商界是个响当当的人物，他做起生意来六亲不认，心狠手辣，他最常说的一句话就是"商场无父子"。因此，几年下来，虽然他聚集了不少财富，但也得罪了很多人。

江某经营的是一家纺织厂，他所生产的纺织品大部分都是内销，因此，他总是不择手段地排挤对手，抢占市场份额，有四家小纺织品厂就曾吃过他的亏。更恶劣的是，他总喜欢当众嘲弄弱于他的竞争对手，什么"手下败将"，什么"不堪一击"等等。他的朋友曾劝他说："老江，不要做得太过分。大家都是生意人，为什么一定要得罪人呢？”江某却不愿听朋友的意见：“得罪人怎么了？我还怕他们不成？”

一段时间后，江某的仓库着了火，十万多件毛衣、毛裤付之一炬。大小客户纷纷上门催讨货物，江某想从其他纺织厂借一批应急，可由于平时关系弄得太僵，根本没有人肯借他；加紧生产一批吧，又没有原料。原料供应商和他没有交情，不肯借贷给他。无奈之下，江某只有变卖房产赔付高额的违约金，工人也一个个地辞职。最后，除了几间破烂的厂房，江某一无所有。

江某平时人缘太差，因而遇到困难时“叫天天不应，叫地地不灵”，没有人肯帮他，最终落得个破产的下场。

在许多人眼中，商场就是战场，充满了钩心斗角、你死我活的角逐，根本没有什么人情好讲。其实不然，要想不在商场上的激烈斗争中垮掉，你就必须像蒋云天一样懂得培养人缘，善于用情，与众人保持良好的人际关系。只有好人缘，才有好财源。人缘的好坏直接决定了生意的成败。

法则25：人脉累积，拓展商界人脉五大要点

其实，每个人都有一套累积人脉的方式。到底如何才能有效拓展自己的人脉呢？拓展人脉有许多技巧，但是，前提是一个人必须先具备自信与沟通能力，才既显得自然又不为难自己。

以自信心来讲，就是“你的舒适圈（在不同场合中感觉到

自在的程度）有多大”。一个没有自信的人，舒适圈很小，总是怕被拒绝，因此，他不愿主动走出去与人交往，更别说拓展人脉了。

比如，在鸡尾酒会或婚宴场合，西方人在出发前，都会先吃点东西，并提早到现场。因为，那是他们认识更多陌生人的机会。但是，在华人社会里，大家在这种场合都有些害羞，不但会迟到，还尽力找认识的人交谈，甚至好朋友会约好坐一桌，以免碰到陌生人。因此，尽管许多机会就在身边，但我们总是平白地让它流失。

其次是沟通能力。所谓的沟通能力，其实就是了解别人的能力，包括了解别人的需要、渴望、能力与动机，并给予适当的反应。

要如何了解？倾听是了解别人最妙的法宝。晚清的“红顶商人”胡雪岩就是善于沟通的高手。其实胡雪岩的手腕也很简单，胡雪岩会说话，更会听话，不管那人是如何言语无味，他都能一本正经，两眼注视，仿佛听得极感兴趣似的。同时，他也真的是在听，紧要关头补充一两句，引申一两义，使得滔滔不绝者，有莫逆于心之快，自然觉得投机而成至交。

除了倾听，适时赞美别人也是沟通妙法。美国“钢铁大王”卡内基在1921年付出一百万美元的年薪聘请一位经理夏布。许多记者访问卡内基时问：“为什么是他？”卡内基说：“因为他最会赞美别人，这也是他最值钱的本事。”甚至，卡内基为自己写的墓志铭是这样的：这里躺着一个人，他懂得如何让比他聪明的人更开心。

华硕董事长施崇棠在宏碁科技任职时，曾自费到卡内基训练机构上了两三种课程，当时，他曾说："我最佩服国外老板的地方，在于他们很会赞美别人。"

作为生意人，只有拓展自己的人脉才能获得更多的机会。因此，你的人脉关系网要想更完美更有效，还需要注意以下几点：

1. 制定目标，努力不懈

建立人脉关系网最基本的原则就是：不要与人失去联络，不要等到有麻烦时才想到别人。人脉就像一把刀，常磨常用才不会生锈。若是半年以上不联系，你可能已经失去这位朋友了。

此外，制定可以变通的目标。不但要维系旧情谊，还要注意扩张自己的"人脉范围"。试着每天打5~10个电话，如果一天打10个电话，一个星期就有50个，一个月下来，更可到达200个。平均一下，你的人脉关系网中每个月大概都可能增加十几个"有利人士"。

2. 不要放弃每一个目标

大忙人虽不容易见到，并不表示绝对无法接近。不必浪费时间在上班时打电话给他们，这些人不是在开会就是在打电话，或是外出办事了。

善于利用空当"拉关系"的高手，认为傍晚六七点是与这些忙人接触的"黄金时刻"。秘书、助理等大概都走了，只剩下一些工作狂们还舍不得走，他们希望自己的"埋头苦干"能给老板留下深刻的印象。此时是联络这些"贵人"最适当的时机。

总之，乐观一点，不要以为位高权重者都是高不可攀的人物。只要抓住窍门和时机，就能联络到每一个人。一些单位里大凡有能力有地位的人，几乎都有层层的关卡保护，若能突破这些障碍，其余的事就不难办了。

每个企业都有门卫，设法接近他们，跟他们建立某种“关系”，他们就能告诉你通往老板办公室的秘密通道。若惹火了他们，只会让你吃不了兜着走。这种情况下，要灵活处事、化敌为友，日后才能一帆风顺。

3. 情报无所不在

街上、饭店餐厅、机场、公共汽车站、酒吧、舞会、亲友聚会……处处都有不少最新情报。不妨与人谈上一两个小时，一定可以学到一点东西。出差、旅行也是拓展人脉的好机会。

4. 记录人脉的进展

像写日记一样，数十年如一日记录人际交往的有关资料，这可能不容易做到；然而如果有恒心、有毅力，则一定会受益匪浅。如果你很认真地在增进自己的人脉，认识的人一定不少。要追踪成果、找出真正的“关键人物”，不妨记录每一次联系的情形。趁记忆犹新的时候就赶紧写下来，如果等到日后再来补记，效果就大打折扣了。

可记录的要点包括：姓名、地址、电话号码、对方的专长及爱好、你的看法以及日后联络方法，用不着事无巨细地像在写一篇动人散文。

若想有收获，一定要下功夫。但是，想到可以跟这么多杰出的人士见面，这些也是值得的。一旦习以为常，也就不以拓展人脉关系网为苦了，反而会觉得兴奋、刺激。

5. 不能急于求成

拓展人脉时，若是盲目行事，急于求成，只会使别人离你越来越远。你的积极进取在别人眼里可能是“不择手段”“没头没脑”。最糟的情形是，可能会使我们想亲近的人纷纷躲避。

要建立真正的关系，并不像“攻城略地”或是来个“全垒打”一般；可持续发展的人脉，应该是长久而稳固的。正如一位企业界人士的说法：“我从不相信那些在三分钟内就跟我称兄道弟的‘朋友’。如果要聘用一个人来做重要的事，我一定要找信得过的人。”

急于拉拢关系的人会因为一点收获而自满，若要他们付出，得先谈条件，而且不愿与人分享情报。一心只想在竞争中取胜的人很难了解“互助”的真义，他们不知道自己好像是在参加一场没有希望的比赛。

好的人脉通常要经过长时间的努力才能建立，要成为这方面的高手，还要有一颗真诚敏感的心及宽阔的胸怀。

法则 26：人脉维系，保持商务关系的七大诀窍

在与人的交往中，我们利用电话、写信（电子邮件）、节日贺卡、聚会等是最常见的人脉维系方式。但要维系人脉和保持互

动，除了这些形式上的问候与聚会之外，还需要良好的记忆力和创意。

在记忆力方面，应该努力记住和朋友上次聚会或交谈时的内容，以及关心对方目前的发展状况。每次有机会和朋友聊天时，要专心倾听并记住对方的近况，其中大致可以分为公事、私事和外在形象这三个方面。

公事包括有关朋友的工作与发展情况。在这个部分，有必要尽量记住几个关键：公司名称与基本产品、职务称谓、工作内容及薪酬福利；部门之间人事相处情况和他的个人感觉；朋友对这个产业的了解和想法。

私事包括有关朋友的家庭、感情生活、共同朋友的状况。包括：朋友与其父母、兄弟姐妹的情况；目前的感情生活；他目前或近期个人的发展计划。

外在形象，这一部分比较简单，只要稍微注意一下，聚会时对方的外表穿着、情绪状况、健康气色即可。

在应用方式上，尽量挑选对方感兴趣的话题，以作为下一次沟通时的衔接题材。

在沟通方式上，用问的方法比较能表现主动关心对方的感觉，比方说：

“上次看你工作压力很大，精神很不好，现在好多了吧？”

“那个找你麻烦的主管，最近对你怎么样？”

“你上次穿的那件衣服看起来很有气质，你到底在哪里买的？我一直没找到。”

“你父亲的糖尿病好多了吧？”

但是有些问题则需要稍微避讳一下，比方说私人感情、某些实现起来有困难的目标、工作上的升迁或工资奖金的数额等。这些问题在无法确定对方是否乐于回答时，尽量不问比较好。因为像这些问题，常会引起一些意见分歧，使对方讳莫如深。因此，最好是由对方主动向你说明。

如果对方在上次聚会时，曾经发誓、诅咒某个宣言或话题，也要尽可能避免询问，千万不要“哪壶不开提哪壶”，揭人短处，自讨没趣。至于工作方面较敏感的工资收入和职务变动也一样，最好都让对方主动去提及。

这些看似复杂的小细节，却是维系人脉的关键。在维系人脉间的互动上，如果能运用一些颇具创意的方法，一定能起到非常棒的效果。

比如，自己亲手做一些小手工艺品，当作送给朋友生日或升职的贺礼，这样不但省钱，而且也表现了自己的一片心意和独特的创意。像目前流行的串珠、中国结或环保艺术品，或是自己捏出并烧制的陶艺品、剪纸、卡通画，甚至可以做一张友情网页、写首诗等，都是不错的创意礼物。

在平时的互动上，利用现代通信技术的手机、微信、网络等也可以做到。最常用的方法是将和朋友工作有关的市场资料、产业分析、学术报告、演讲信息、最近看过的好书或节目，尽量用电子邮件、电话、短信、信件或传真等方式通知朋友。

可以说，当今商场上的竞争不仅仅是资金和技术的竞争，同样也是生意人之间人脉的竞争。许多人对人脉竞争力的重要性并没有深刻的认知，通常也不愿花时间在上面，往往到了关键时刻，才发觉自己的人脉资产太少。

如何才能提升你的人脉竞争力呢？不妨从以下七个方面入手：

1. 树立守信用的形象

树立一个让人信任的形象，是让人脉竞争力产生正向循环的关键。如果一个人讲的话，每次都要打七八折，那么，更多的人脉也只是带来更多的负面效应罢了。

2. 增加自己被利用的价值

人脉的最高境界就是互利，而非单方面的游说。你可以给别人提供什么价值？可以提出什么不同的观点？如果你只是一个应声虫，或只着眼于自己的利益，嘴巴一开，对方就知道你想要什么，别人是不愿同你交往的。反而，你对人一分好，对方自然会泉涌以报，这就是所谓的“得道多助”。

3. 乐于与别人分享

生意场上，赚钱机会非常多，一个人无法把所有的钱赚走。所以，不管是信息、金钱利益或商业机会，懂得分享的人，最终往往可以获得更多。因为，朋友愿意与你在一起，机会也更多。

4. 增加自己曝光的渠道

多参加各种社会团体，这些团体都是把自己推销给别人的通路，也是每一个可以树立自己形象的机会。千万不要小看这些机会，在这些团体里，人们往往可以以最自然的方式交往。

5. 多些创意与细心

更多的创意与细心，绝对是提升人脉竞争力事半功倍的做法。

例如，善用名片管理法，就是一个妙招。在国外，有一名生意人参加当地的议员选举，在选票告急时，向平常有电子邮件往来的两万位选民求救，最后获得了胜利。这两万个选民数据成了他的关键票源。

法国亿尔富机构的前总裁卡罗斯，每年总要立下志愿，与一千个人交换名片，并跟其中的两百个人联络，而且还要跟其中的五十个人成为朋友。

6. 把握每一个帮助别人的机会

如果你想加强自己的人脉竞争力，就要尽可能地帮助别人。你帮了别人，别人就欠你一个人情，你的人气自然就会提高。

7. 保持好奇心

一个只关心自己，对别人、对外界没有好奇心的人，即使再好的机会出现，也会与机会擦身而过。

就像问对问题一样，当你对人产生兴趣，问题总是可以触及人心。美国知名电视主播华特丝常常在人物访问中提出的问题包括：你一生中最有成就感的事是什么？你跌入谷底的经验是什么？未来五年后你想成为什么样子？你毕业后的第一份工作是做什么？……

法则 27：结交更优秀的人，你才能大有作为

“感谢周围的人对我的帮助”，这是多数成功人士常常挂在嘴边的话。交往中是否有人缘，很大程度上左右着个人的发展。所以每个人都应从年轻时代起建立良好的高层次的人际关系。

一个人在办事过程中，不应该过分依赖已有的旧友，而应该不断地建立新的人际关系和高级的人际关系。所谓高级的人际关系，说得简单一点就是和比你优秀的人结交。为了建立高层次的人际关系，为办事提供更多的方便，就有必要把自己置身于高档次的场所中。

在与人办事时，旧的人际关系固然重要，但也不可一味地依赖旧友。办的事情不同，交往的人也不同，甚至可以说你每次办事时都有可能要和新的陌生的人打交道，在此过程中，结交新的人际关系是非常必要的。通过新的人际关系可以扩大自己的交际圈，扩大视野。

那么，怎样才能建立起新的人际关系呢？为此，要有具体的行动——积极地走出去，创造与人交往的机会。公司以外的各种各样的聚会要率先出席，各类家庭聚会也要积极参加，不要嫌麻烦。如果有不同行业的交流机会，也要主动地参与筹划，加入你感兴趣的圈子也是极好的机会。性格内向的人特别回避这种聚会，其实这对自己的个人生涯是十分不利的。我们不妨以坚强的意志克服自己的厌倦情绪，积极地参加。

拜访已成功立业的前辈，能改变一个人的机会和命运；结交

比自己优秀的朋友，能使一个人更加成熟。要与人相识，并不像通常所想象的那么困难，结交地位较高的人也是如此，尤其是年轻人，可以无所顾虑地和地位较高的人去主动接近。

美国有一位叫阿瑟·华卡的农家少年，在杂志上读了某些大企业家的故事，他很想知道得更详细些，并希望能得到他们的忠告。

于是，有一天，他跑到纽约，也不管几点开始上班，早上7点就来到纽约最著名的律师——威廉·B.亚斯达的事务所。在第二间房子里，华卡立刻认出了面前这位体格结实、浓眉大眼的人。高个子的亚斯达开始觉得这个少年有些讨厌，然而一听少年问他："我很想知道，我怎样才能赚得100万美元？"他的表情很快就变得柔和并微笑起来，后来两个人竟然谈了一个钟头。随后亚斯达还告诉他该怎样去访问其他实业界的名人。

华卡照着亚斯达的指示，遍访了一流的商人、总编辑及银行家。

在赚钱这方面，他所得到的忠告并不见得对他有多么大的帮助，但是能得到成功者的指点，给了他自信，他开始实践他认为会使他成功的做法。

过了两年，这个20岁的青年，成为他当学徒的那家工厂的所有者。24岁时，他成了一家农业机械厂的总经理。不到5年，他就如愿以偿地拥有了百万美元的财富。这个来自乡村的粗陋木屋的少年，后来终于成为一家著名银行的董事会的一员。

在华卡活跃于企业界的几十年中，实践着他年轻时来纽约所学到的基本信条，即多与有益的人结交，他坚信会见成功立业的前辈，能转变一个人的机遇。

年轻时还能直率地表达崇拜英雄人物的心意，可是年纪一大，就以为应该把这种心意隐藏起来，但是隐匿崇拜英雄人物的心意是错误的。应当与你所崇拜的人亲近，这才是良策；这不但能使对方感到高兴，而且对方还会鼓励你，增加你的勇气。

把有能力的人作为自己的榜样并不可耻，朋友与书籍一样。好的朋友不仅是益友，也是良师。

怀特是美国印第安纳州一个小镇上的铁道电信事务所的雇员。16岁时，他便决心要独树一帜。后来，他先是在西部合同电信公司工作，而后成为俄亥俄州铁路局局长。当他的儿子上学时，他给儿子的忠告是："在学校要和一流人物结交，有能力的人不管做什么都会成功……"

要与伟大的人物缔结友情，跟第一次就想赚百万美元一样，是相当困难的事。原因并不在于他们的出类拔萃，而是你自己的忐忑不安。

年轻人之所以容易失败，是因为不善于和成功人士交际。法兰西陆军元帅福煦说过："青年人至少要认识一位精于世故的老年人，请他做顾问。"而著名的哲学家萨加烈也说了同样的话："如果要求我说一些对青年有益的话，那么，我就要求你时常与比你优秀的人一起行动。就学问而言或就人生而言，这才是最有益的。学会正当地尊敬他人，这是人生最大的乐趣。"

结交比自己优秀的人无疑是一条办事的捷径，是一个想转变自己命运的捷径。无论是在职场还是在生意场，结交比自己优秀的人，道路就会越走越宽，生意自会越做越大。

法则28：利用人脉网，努力提升商业价值

某公司的项目主管张先生是个新潮的年轻人，对于时尚的东西十分着迷。他喜欢使用新潮、个性、悦耳的手机彩铃声，各式各样的彩铃他都会尝试一下。这回，趁着周末他又下载了“我不接，不接，就不接……”的彩铃。

几天前，公司和客户洽谈一笔60万元的生意，公司让张先生负责和对方联络。在客户决定选择哪家公司接这笔生意的那天早晨，客户想和张先生的老总碰面，于是打手机给张先生。

由于手机的信号差，客户连续打了四五次都因为话音不清晰而被迫中断，每次通话中断后重新再次拨打，手机中听到的就是“我不接，不接，就不接……”张先生的“我不接，不接，就不接……”的彩铃声惹恼了客户公司的老总，因此他拒绝与张先生联系。等到第三天公司得知这件事情之时，这笔业务已经彻底泡汤了。

在商务应酬中，你的合作伙伴不可能也没必要去调查你的人品，只是凭借与你交往的过程中你所展现给对方的言行举止、为人处世来对你进行评判，进而对你所代表的企业做出评判。商务礼仪体现细节，细节体现素质。

那么，生意人是如何通过人脉迅速提升自己的呢？主要表现在如下几方面：

1. 通过人脉了解你的竞争对手，从而提升自己

商场如战场，所谓知己知彼，方能百战不殆。你必须掌握竞争对手的特点、动向。比如：他们是否重视教育训练？是否鼓励员工进修以加强他们的技能？他们在同业中的名声如何？是否参加商展？有没有加入商业性组织？

你的人脉网是了解这些信息的最佳渠道，而且大部分真实可靠。你的朋友只会帮你，而不会去帮你的竞争对手。当然，在了解竞争对手，相比较后，重要的是取长补短：有优势要保持，存在差距就应该追赶。

2. 人脉可以让你了解这个世界，进而丰富你的人生

检查一下，你的人脉中，有多少人是外国朋友？如果没有，你该去发展发展了。

也许你有许多次走出国门的机会，你会发现，没有什么比身在国外一个人也不认识的感觉更无助、更无聊了。

你独自一个人走在国外的土地上，却没有一个人可以帮助你体验这个国家真正的文化，没有人邀你到他们家，让你看看他们的实际生活，这是非常糟糕的事。

那么，如何才能拥有一个国际性的人脉呢？

方法一：参加国际性的旅行团队。在旅行中，如果你不知如何去认识别人，不妨问一句："你常旅行吗？"你会发现大多数人都喜欢谈他们的旅行经验，于是便能很快为你开启一个全新的

世界。

方法二：可从外文图书馆或你的股票交易员那儿取得。在这些地方你可以认识非常真诚的朋友。

方法三：附近的大学。你可以找到与全世界最有联系的学校或研究所。

方法四：如果你正在就学，国际学生组织是最佳的起点。

3. 人脉可以带给你全新的经验及知识

郑浩有一位从事推广和销售绿色营养食品的朋友，他的这个朋友在这个行业服务了8年时间，而且一直孜孜不倦，并以此为荣。8年的工作经验使其成为优秀的营养师和生活教练。郑浩因为与这个朋友相处的时间多，常常会听到对方有关营养学和养生之道的高论，潜移默化当中，郑浩也学会了许多营养平衡和维护身体健康方面的知识。试想，如果没有这位朋友，郑浩是很难了解并积累这方面的知识或经验的。

第四章

谈判其实很简单：

在利益博弈间稳住商机

凡是有人的地方就有江湖，有江湖的地方就有利益纷争。在现代文明社会，人们解决利益纷争多采用谈判的方式。无论是财团巨头，还是各型企业，涉及分工合作、利益分配时都不可避免地要进行谈判。因此，如何在谈判中掌握主动权，就成了谈判的关键。只有掌握了谈判的玄机，才会在竞争中所向披靡，无往不胜。

法则29：谈判的首要前提，了解对手的信息

在商场纵横，最不可避免的就是利益之争。想要达成合作的双方在利益需求方面都会提出各自的要求，这就需要通过谈判来解决。和你交涉的不是一个企业、一个组织的“抽象的代表”，而是一个有血有肉的人。这是谈判最基本的事实。因此，对谈判对手了解的程度很大程度上决定了谈判是否成功。

人是社会关系的总和，在现实生活中，每个人都会从自己的角度去看世界，他们通常不会按照你的本意去解释你的说法，而且嘴里说的与他心里的真实想法有可能不一样。人的这种特点，既可以是一种动力，也可以是一种阻力，使谈判的结果经常变得难以预测。因而，我们在谈判之中，甚至之前能从心理学的角度来了解、研究认识一下谈判的特定对象，就能在谈判中掌握主动。

在谈判前，最起码也应该掌握谈判对手三个方面的信息。

其一，关于对方谈判目的的信息。

对方要求或同意举行谈判的原因是什么？他们是否碰到了困难，急于想通过谈判来寻找某种解决的办法？对方公开表示的谈判目的和其实质上的目的是否相同？这些问题的了解，对谈判至关重要。

对方的谈判要求仅仅是一种姿态，还是出于某种不可告人的

目的？如果对方提出谈判的目的是因为遇到了困难，这毫无疑问是加强了己方谈判的力量。

在经济谈判中，双方就价格问题长期相持不下，谈判面临告吹。突然，发生了戏剧性的变化。对方愿意以我方的要价出售货物。我方担心其中有诈。经过一番调查，发现是由于银行最近压缩信贷，对方面临资金短缺的困难。因此，对方迫切地希望售出商品以收回资金。了解对方这一目的以后，我方就可以利用这一时机，在价格谈判中得到较多的好处。

外国有家公司，希望在东南亚寻找一个代理商，来解决有关代理业务的问题。他们找到华籍商人王先生，希望能和他谈成此事。王先生在和这家外国公司方面进行谈判之前，首先去了解：这家外国公司为什么要找我作代理人？除我之外，这家外国公司是否还找了其他人？经过深入的了解和细致的分析，王先生得出如下的结论：这家外国公司在向我发出邀请之前，已经对所有可能的候选人作了充分的调查，结果这家外国公司对我个人的能力和所经营的公司表示信任，并排除了其他候选人，将我视为唯一的谈判对手。可见，这家外国公司是有诚意的。据此，王先生做出相应的对策，使谈判取得圆满的结果。

然而，有时候，对方公开表示的谈判目的和实际上想得到的目的并不一致。因此，谈判前，务必深入调查了解对方的实际谈判目的，以避免中了他人圈套。

其二，关于谈判对手的权限和履历的信息。

谈判对手由哪些人组成，这些人在他们组织内部是否具有决策的权力？谁在他们中具有否决权？最后的决定怎样做出，由谁来做出……这些问题对于将要进行的谈判是非常重要的，必须在谈判前搞清楚。

通常，参加谈判的人员的身份职位越高，对谈判的重视程度也越高，也就越容易做出最后决定。如果对方参加谈判的人员规格不高，我们就应该了解对方参加谈判的人员是否真的得到了授权，对方谈判代表在多大的程度上能独立地做出决定？对方参加谈判的人员有没有让步的权力？有没有中止谈判的权力？等等。

一个爱惜时间、讲究效率的人在任何时候、任何情况下也不会同一个没有决定权的人谈判。当你考虑同某人、某企业进行谈判时，先了解一下，他是谁？别人曾同他做过类似交易吗？结果如何？面对一个事事需要请示上司的对手，最好要求直接同其上司谈判，否则不如中止谈判。为了剖析谈判对手，还可以研究他们个人的历史资料，预测其谈判立场和行为等。

其三，关于谈判对手性格的信息。

在日常生活中，我们很容易发现：有的人工作起来不怕苦和累，重任在肩无怨言；有的人拈轻怕重，见利忘义；有的人工作细心，一丝不苟；有的人粗枝大叶，丢三落四；有的人深思熟虑，多谋善断；有的人不求甚解，不了了之；有的人热情豪爽，有的人冷漠拘谨；有的人坚毅果断，有的人犹豫不决等等。心理学上把这种人在情绪和活动发生的强度、速度等方面表现出来的特点，称作气质。

总之，谈判是在人与人之间，也只能在人与人之间进行。

所以，要想谈判达到预定的目标，就必须对人有所了解，有所认识。

法则 30：因人而异，灵活应对各国的商务对手

在如今全球经济迅速发展和融合的时代，我们面对的不仅是国内的各大企业、合作伙伴，还要面对国际上日趋频繁的交易、贸易。这就不可避免地与异国合作伙伴进行谈判。因各国文化和历史背景不同，不同国家的谈判风格也有所不同。

1. 美国式谈判

美国式谈判多采用恐吓、威胁、警告、压力等强硬型谈判方式。英国评论家汤普生曾经这么批评美式谈判："美国总统的幕僚们极具危险性，他们拥有核弹似的爆炸性精神，却完全缺乏对方的相关知识，总是匆忙浏览一两页备忘录，便使足干劲地往返于各地的会议之间。"

正如汤普生所言，美国人不但崇拜力量，并且深信这套美国式的思考理论可以通用于世界各地。他们的观念就像西部片中典型的牛仔，认为只有自己的决定才是正确的，没有心情去倾听对方的意见。凡遇到犹豫不决之事，必定先说声"不"，这是美国式作风。万一对方说的话不合己意，就针锋相对。

美国人在谈判时最常运用的三种方式分别是：威胁、虚张声势和强硬手段。美国式谈判的共同主张总是离不开虚张声势，如

果威胁、虚张声势达不到任何效果的话，就采取拒绝交易、抵制或诉讼等强硬手段。然而，这种做法一旦引起对方反感，谈判必会陷于泥坑中，结果只会造成两败俱伤。

美国人素来擅长在谈判中表现出强硬手段。美国社会呈现出强烈的个人主义，以自我为中心，不择手段地利用他人以实现自己的理想。总之，物竞天择的道理在美国社会发挥得淋漓尽致。

严格来说，在美国的个人主义中，旁人只分两种：一种是明确的敌人，另一种是潜在的敌人。除此之外，别无第三者。

美式谈判反映了美国人的性格特点。他们性格爽朗，能直接地向对方表露真诚、热烈的情感，他们充满了自信，随时能与别人进行喋喋不休的长谈。他们总是十分自信地进入谈判大厅，不断发表意见。美国人的这些特点，很多都和他们取得的经济成就有紧密联系。他们有一种独立行动的传统，并把实际物质利益上的成功作为获胜的标志。

他们总是兴致勃勃地开始谈判，并以这种态度谋求经济利益。在磋商阶段，他们精力旺盛，能迅速把谈判引导至实质阶段。他们十分欣赏那些精于讨价还价，为取得经济利益而施展手法的人。他们自己就精于使用策略去谋得利益，同时也希望别人具有这种才能。

美国人谈判中的特点可总结为以下三个方面：热情奔放；颇有讨价还价的能力；对一系列交易感兴趣。这三方面的特点，在某种意义上可以从美国历史上找到原因。在美国历史上，开拓者曾经冒极大的危险，扩大疆域，开辟并建立了新的生活方式。

2. 北欧式谈判分析

北欧人比美国人显得平静得多，在谈判开始的寒暄阶段，甚至常常沉默寡言。他们从不激动，讲话慢吞吞，所以在谈判初期阶段，容易被对方征服。

芬兰人和挪威人都有这种特点。瑞典人也这样行事，但他们受美国人的影响很深，并具有瑞典人特有的官僚主义。丹麦人如果来自沿海地区，则按斯堪的纳维亚人的风格谈判；如果来自尼德兰半岛，则具有德国人的风格。

斯堪的纳维亚人的谈判特点，不难看出其文化渊源。他们严守基督教的道德规范，保持政治上的稳定，直到目前，他们还保存着农业经济和渔业经济。北欧人的长处在于他们在最终阶段很坦诚和直率，在谈判中他们能提出富有建设性的意见。他们不像美国人那样，在出价阶段谈得很出色，也不像美国人那样擅于讨价还价。他们是比较固执的。

因此，与北欧人谈判时，应该对他们坦诚相待，采取灵活和积极的态度。

3. 德国式谈判分析

德国人的谈判特点是准备工作做得十分完美。德国人喜欢明确表示他希望做成的交易，完全确定交易的形式，详细规定谈判中的主题，然后准备一份涉及所有主题的计划表。他们不太喜欢采取让步的方式。

如果经验丰富的谈判人员运用这种方式的话，其威力是很强大的。比如说，在商场上，一旦由德国人提出了报价，这个报价就显得不可更改，讨价还价的余地会大为缩小。

因此，与德国人谈判的方法，从程度上看，最好在德国人报价之前就进行试探，并做出自己的开场陈述，这样可以表明自己的立场。但所有这些行动，要做得快速。因为德国人已经做了充分的思想准备，他们会非常自然、迅速地把谈判引入最终阶段。

法则31：把握火候，让谈判从开局就给力

谈判开局是谈判双方第一次见面后，在讨论具体、实质性的谈判内容之前，双方互相介绍、寒暄以及就谈判以外的话题进行友好交谈的阶段。一般来讲，谈判开局有：一致性开局、进攻性开局、坦诚性开局、挑剔性开局、保留式开局五种。

那么，为了保证谈判在友好和谐的氛围下进行，在谈判开局应该注意哪些事项呢？

1. 防止激进

的确，谈判的开局要有一个高目标，然而，高目标不是无限度的高，更不能把己方的高目标建立在损害对方利益的基础上。谈判是双方或多方的合作，如果谈判一方单纯考虑自己的利益，而将对方的利益置之不理，那么，将出现两种不利的局面：一种是对方会认为你缺乏诚意以至破坏了谈判的和局；另一种是对方为了抵制过高要求，也将“漫天要价”，使谈判在不切实际中进行，以致徒劳无功，浪费时间和精力。在谈判的开局中，双方开

价或目标要兼顾谈判双方的利益。

2. 防止保守

一般说来，人在陌生的环境中与他人发生联系时的处事态度，总是较为谨慎的，因此，谈判的开局阶段，谈判者往往竞争不足，合作有余。尤其是在一些涉外经济谈判中，由于不了解国外情况和缺乏谈判经验，在谈判的开始阶段，更易保守，唯恐失去一个合作的伙伴或一次谈判的机会，因而一味迁就对方，不敢大胆坚持己方的主张，结果必然处于被动地位。

开局保守会导致两种局面：一种是速战速决，轻易落入对方大有伸缩的利益范围，失去己方本来应该得到的利益；另一种是谈判一方开局就忍让，迁就对方，对方以为你的利益要求仍有水分，而把你的低水平的谈判价值界守点作为讨价还价的基础，迫使你做出更大的让步。

总之，在谈判的开局阶段，必须恰当地把握竞争与合作的分寸。过分强调竞争的人要价高，且分利必争，会因此而使谈判一开局就陷入僵局，破坏谈判；而过分强调合作的人，难以达到较高的谈判目标，往往由于迁就对方而使利益均沾的天平失衡

谈判的开始阶段对氛围的形成具有决定性的作用。这个过程是这样的：双方见面，寒暄，讲几句开场白或作一下自我介绍，接着在谈判桌前就座，然后进入谈判环节。在这个过程中，谈判者会接收到很多信息，你可以看到对方进来时的仪态、眼神、眼光的方向、举止和态度，甚至走路的轻重快慢，你可以听到对方讲话的语气、语速和寒暄时所涉及的内容。这些都对你的总体判

断起作用，在这个过程后，或许会产生“这些人可都够精的，得防备着点”，也可能会预感到“看来真不虚此行，很可能有实质性进展”等想法。

初始阶段形成的印象，不仅受对方语言动作的影响，同时也受自己心情的影响。如果自己的心情愉快，可能会对任何事情都看得乐观些，也会给对方留下一个良好的印象。如果你自己心情浮躁，可能会对任何事情做出消极的解释，给对方留下个郁闷的印象。所以，在进行谈判时，应该不让自己的情绪影响谈判，否则，有可能使谈判一开始就破裂。

由此可见，谈判的开局的氛围非常重要。

首先，我们应当明确谈判需要的是何种氛围。要使谈判朝着“达成协议”的方向发展，谈判的氛围应是诚挚、轻松、认真、合作的。而要在极短的时间达到一种相互合作的氛围是不可能的，双方需要在思路与行动上一步一步适应。为此，理想的做法是在双方刚见面时，先谈一些与谈判内容没有直接关系的“中性”话题。比如：最近的经历、近期新闻、体育比赛、当地的气候或令大众感兴趣的新闻等，或者主动询问对方的祖籍、身体状况等。

同时，在交谈之时应注意无声语言，即动作语言所表现的内容。每一个人都会有自己的动作语言，有的姿势使人感到自信、轻松；而有的姿势则给人一种缺乏自信、优柔寡断或慢吞吞的感觉。除了姿势、眼光的接触，脸部表情和手的一些动作也会形成初步印象。往往从对方的眼光中，你立即就可以感觉到对方是

“坦诚的”或是“值得怀疑的”。握手时，其中一方会感到对方的握手是“有力的”或是“适度的”或“柔弱的”。客方走进谈判室的步伐的轻重快慢、主人从座位上站起来或迎上前去的动作的快慢，都会影响“初始印象”的形成。另外，人的穿着亦会传达某种信息，明快或阴沉、入时或有个性、整洁或不修边幅等。

根据以上的分析，谈判的各方均应注意以下几点：

一是进屋时走路姿态要端正，表情坦率而友好，两肩放松，右手不拿任何东西，以便随时与对方握手，注意衣着整齐干净和大方得体。

二是握手的动作和握手时的目光传递给对方的信息应是充满自信，值得信赖的。

三是行动和言谈要有助于形成一种轻松愉快的氛围。

法则 32：无惧无畏，防御型谈判对手巧应对

在初次接触中可以形成最初的印象从而形成某种谈判氛围，同时，也为你评估对方提供了一个极好的机会，对手的性格、态度以及意图……都可以在接触的短暂时间内得到直观的印象。通常，至少可以在两方面摸出对方的一点端倪：一方面是对方的经验和老练程度，另一方面是对方的工作作风。

仔细观察姿态和表情，从会不会积极和善于打破刚接触时的尴尬氛围这一点上，就可以反映出对方的历练程度。比如，对方

在初始的寒暄中显得紧张、不自然，或者在刚开始的礼节性的谈话时就突然涉及谈判的内容，那么我们立即就可以作出判断：这不可能是一个谈判的行家。至于对方的作风，那也可以从初始的谈话内容中感觉到。如果对方是一个不老练的谈判者，为了加强他的谈判效率，他会想方设法摸清我方在这次谈判中的实力，尤其是薄弱环节。这时，他不再如一般要求中所谓的“只谈中性话题”，也不再把精力集中在“创造合作氛围”上，他的着眼点是要弄清楚我方优先考虑什么、担心什么。

以上这些信息对一个谈判者来说，是相当重要的，也是为了在谈判中稳操主动权所必须了解的情况。很显然，对方急于获得我方的这些信息是为了取得主动地位。发现对方不遵循一般做法，即先谈中性话题以制造合作氛围，就应该小心谨慎。对方的这一行动可以被看作是交锋的一种信号，也可以解释成对方紧张或缺乏经验，当然也可能只是出于对方咄咄逼人的性格。当这种挑战的信号变得越来越明显时，我们就可以肯定情况确是如此，就应当准备好我们的应对策略。

需要再三强调的是，在最初阶段形成的关于对方的总体印象并非百分之百可靠，特别在评价对方的能力时要小心谨慎，要留有余地。此后，随着谈判的深入，应不断地补充、修正导入阶段看法。

当你遇到一名提出请求或要求的强硬对手时，最好警惕他会随时掉头不理，仿佛没有什么值得谈判。

比如，你是一名觉得自己被敲了竹杠的客户，而对方是强硬派谈判者，一副悍然的态度，把你当作苍蝇似的一巴掌挥开："你是什么意思？我们的价钱是全市最公道的。"

强硬派谈判者经常干脆一口拒绝你，或者根本什么也不说，或仅仅说他将会考虑看看。如果他说将会考虑，则往往是从此杳无音信，除非你打电话过去，不过他多半不会接你的电话，即使接了，也是对你说"不"。

这类强硬派对手赌的是一项人尽皆知的事实——大多数人都不愿摊牌，甚至宁可让人一次又一次地占便宜。

被强硬型谈判者拒绝的人们当中，绝大部分永远不会再来烦他，而仅余的一两个人可能继续谈判，进行远逊于他们原本可能达成的有利交易。

然而，强硬型谈判并不是个好主意，它就算可以带来暂时的优势，但长期下来，对方要么不满，要么不服气，受害的还是你自己。

相对地，当对方采取这套谈判模式时，你必须准备应付他们。

有时候，强硬派谈判者依据上级的指示而行动，他们往往会告诉你"这是我们的方针"，这句话不仅是挑战式用语，同时也具有极端不逊于宣战的含义。假使说出这类话的人是替别人工作，那么你最好放弃雄辩或其余的说服方法，直接去找老板，假使说话者就是老板本人，那么你就不得不拿把刀架在他的脖子上——当然，象征式的——逼他屈服，直到你能够和他讲道理为止。

对付这种人的方法十分明显，但是拥有实践这种方法的耐心与勇气的人实在太少了。

一是控告；

二是向行政机关诉苦；

三是向专门团体或工会诉苦；

四是透过媒体公开这项事件；

五是以其他方式加以示威。

通常来说，威胁并非良策，但是在这种情况下，就算是从没有实行你所提出的威胁，顶多是失去对方的信任罢了，对方没有任何别的损失。

值得一提的是，只要你表现出准备战斗的样子，自然会获得他们对你的敬意和兴趣。组织的规模越大，你的诉苦越有可能引起上层负责人的注意。

法则 33：巧妙防御，避开攻击型对手的陷阱

我们已经分析了强硬派谈判者处于防御姿态。现在来分析一下攻击型，即对方向我方提出要求，遭到拒绝或表示希望谈判，而采取强硬派策略促使我方屈服。

打个比方，你的孩子摔了一跤，摔破额头，你把他送到最近医院的急诊处，医生缝了两三针，上了绷带，便让你们回去。几天后，你收到账单大吃一惊，虽然你知道最近医疗费用暴涨，却

仍然无法想象在孩子的头上缝两三针，不过几分钟的处理费用竟然会这么昂贵。

此时你只能做出两种选择，要么和大多数人一样，口中抱怨这简直是合法的强盗行为，然后照付账单；要么不付。

然而，如果不付的话，十之八九会发生下列的情形：

A. 接连收到讨债的信函，甚至电话，威胁若不即刻付款，将危及你的信用程度；

B. 问题落到讨债公司的手上，以电话和信件紧追不舍地索债，并且用你不熟悉的法律条文来恐吓你；

C. 问题交至律师手上，继续催讨，最后终于控告你，除非金额被认为少得无须如此大费周折；

D. 对方寻求法律帮助，通知你立刻付款，若未在一定期限内予以回复，就会被判为败诉；

E. 问题送到法院，你若无法向法官证明你没有偿还的义务，对方就会寻求判决，这份判决包括当初的账单、利息、律师费用和其他法庭费用。

很明显，这种过程颇为严酷，仅凭想象或许便足够令你照付账单，而你的对手也正是凭借这一点。虽然账单的金额极不合理，可是你往往不得不屈服于潜藏在其背后的强大压力。

不过，如果金额是真的很不合理，或者那份账单是错误的，或许你收到的是别人的账单，即使前面所述五种情形真的那么严酷逼人，你有没有别的方法可以阻止拒绝呢？

阻止办法还是有的。在法庭上，你可以说服法官相信那是一份不正当的收费。甚至在此之前，你就可以说服对手承认他们的错误。

即使账单本身没有错误，但金额不高，你依然可以进行谈判。你可以与医院进行谈判，找出组织内有权决定这项问题的人，表达你的不满，如果得不到满意的答复，就去找他的顶头上司。如有必要，也可到最高经营者那里，说明你准备提出控告。若是依然无法解决，便采取一切手段让对方屈服——控告，诉诸行政机构等等。总之，你才是真正的强硬谈判者。

在谈判里，最终期限是一项决定性的要素。如果没有解决问题的必要，往往会任它顺其自然。可是当你越来越接近最终期限，往往会逼你做之前不愿做的让步。

最具强制性的最终期限是客观的，即不是由谈判的任何一方随意决定，而是限制谈判者的独立现象。比如：

1. 契约期限

汽车工业中的劳资谈判随着赛期的接近，愈有产生罢工的可能性。这种情形并非毫无理由。

2. 出庭日

如果一项审判或听证会确定于某月某日举行，当事人便必须在那之前获得和解，否则只有面对结果。

3. 已确定期间的开始和结束

比如，在西方某国大部分零售店的年销售期间均始于圣诞节，批发商必须在12月25日之前完成出货准备，而制造商和中下游供应商各依货品的生产需要有不同的出货时期。但是无论是谁的出货时间，必定都有一个一旦超过便无法成交的日期。任何有关价格、销售条件等的谈判，均以这个日期作为它们的最终期限。

4. 强硬派谈判者以各式各样的方法使用最终期限

强硬派谈判者最喜欢的战略，是把对你而言尤其重要的事项留待讨论。换句话说，强硬派谈判者使你忙着研讨不太重要的事项，等临近最终期限之际，你就不得不在重要事项方面多作额外的让步。要应付这种局面就得先估计对你最重要的事项所需的谈判时间，拒绝延迟展开那些讨论。

强硬派谈判者的另一战略，是假设某一任意决定的期限为最终期限。“我的老板说过，如果我们无法在5月×日前解决这件事，他便断定不可能达成合作。”那么你必须回答：“既然如此，我们别再浪费任何时间。告诉他，我们拒绝按他的时间表进行谈判，如果他愿意同意由我们双方设立彼此均无法变更的最终期限，我们将会考虑。但是我们绝不会任他独断地决定这些讨论的条件。”

在没有客观性最终期限的情况下，双方不妨设定彼此均能接受的最终期限作为谈判的目标。

除此之外，强硬派谈判者也经常利用最终期限来诱使对方犯错。他们先决定对手的真正最终期限，然后设法使对手在期限临近时因手忙脚乱而采取仓促的行动。

法则34：友谊长存利长存，珍惜搭档型对手

经历过谈判的人都会发现这样一种现象：许多强硬派谈判者派低层人员去进行退步谈判，等到你以为达成协议时，高层谈判者又突然插手改变事态。事实上，这种策略是类似于汽车交易商常要的花招，业务员先出某个价钱，等你同意购买之后，业务经理突然加入表示该业务员无权决定这笔交易，而且开价过低。显然是后者计算错误，然而为了不使客户失望地空手离开，他答应卖车，但价钱需稍作调整。大致上，这套手腕是利用客户对谈判所投资的精力以及完成谈判的意愿。何谓投资感？就是到目前为止，你已经对这项谈判付出了相当的精力和时间，为了不至于前功尽弃，你多半愿意做一些原本无意答应的让步。

完成谈判的愿望呢？当然，没有这份愿望，你又何必进行谈判？况且，越接近协议阶段，越想尽快完成这一切，以便进行别的重要事情。于是你以为完成了这笔交易，可是对方接着以谈判口气表示，“看来一切非常顺利，现在我唯一要做的是求老板同意……”而这位老板正如汽车业务经理一般，皱起眉头，“我无法同意这件事，我们必须做一些重要的变更。”

另一方面，你已经摊开了交易底牌，做了必要的让步，这下子等于完全被推翻了。当然，对方的搭档手法就是看准你希望完成协议的弱点乘虚而入，也通常能够达到他们的目的。

那么，如何抵御这种策略呢？

从谈判之初，便确定你是在和有权做成协议的对手进行

谈判，重点在于你必须分辨这份权力和仅限于谈判的权力有何区别。

假使你的对手无权做最后决定，你有下列三种选择：

A. 拒绝和无决定权的人进行谈判；

B. 由别人代你进行初步谈判，等达成一项暂时协议之后，你再和对方有决定权者做最后决定；

C. 虽然和对方的下属人员谈判，但预先讲明，如果对方有决定权者不接受你们所订的协议，你保留一切让步的撤销权利。

事实上，假使你自己是一名小卒，也必须在上述三项选择中做决定，因为你的对手将坚持用下层人员进行初步谈判，而你无法指挥我方人员配合行动。当然，你可以干脆拒绝与有决定权者以外的人进行初步谈判，但如此一来，有决定权者多半会耸肩不理，任你去谋求你的“最佳代替方案”。

假使对方佯装他有决定权力，然后在你们订立合同时宣称他必须获得上司的批准，又该怎么办？这就取决于你想不想做成这笔交易。以你自己来说，除非你非常想要做成这笔交易，否则你通常是拒绝改变原则，并且告诉对方：“你把我看错了，而这意味着我们又回到出发点。回到你们的裁决者那里，告诉他有关我们的协议。假使他要更换任何一个标点，这笔交易就算完全无效，我们必须再从头开始，但是这回我的谈话对象只限于他，而不是你。”需要再次强调的是，这完全视你想要做成这交易的程度而定。

许多强硬派谈判者如狼群一般采取团体行动。你面对的不是一名谈判者，而是一群狼，这种情形常发生在大型企业或政府之间。

团体谈判好处之一，是对于复杂的问题，各人有不同专门知识应付不同的项目。例如多国之间的条约，或购买最新型设备等，只凭一己之力很难应付其中涉及的复杂知识。然而，在某些情况下，纵使问题相当单纯，却仍然出现团体谈判者。万一我方势单力薄，就会产生比对方先累倒的危险性，正如一名拳击手单独面对车轮战一般。

这种白脸、黑脸战术是警察审讯嫌疑犯的惯用手法之一。一名警察扮演强硬的角色，用一切威胁的方式逼迫其回答；而另一名警察以温和的扮相登场，表示愿意劝解粗暴的前者，但要求嫌疑犯表现出合作的态度。

谈判者的手法与此几乎如出一辙，先由强硬派谈判者出面强烈指责你的不是，并且提出种种威胁，强调他绝不会妥协，然后离去，接着温和派谈判者出现，以不同的口吻表示与你站在同一阵线。当然，团体谈判的人数越多，黑白脸的组合形式越丰富。

要应付这种团体谈判就要尽可能使我方人员不少于对方团体人数，在对方设有专门人才的每一领域上，我方也设置至少一人来对抗他们。即使无法完全做到，也要尽可能接近理想。此外，不妨利用时间这项武器来对抗他们的人海战术。

例如，当对方有9人，而我方仅有3人时，避免采取分组讨论的形式，以防止造成对方两人以上对我方一人的局面。相反地，坚持以全体出席的形式讨论每一件事，如此一来，对方就必须负担高出我方甚多的有形和无形的谈判成本。若是无法做这样的安排，就尽量设法拖延讨论时间，例如增加休息时间，坚持我方需进行内部商议等。

总之，千万别使自己处于必须持续谈判，而对方得以轮流上场的情形，否则等进入最重要的决议阶段时，你已疲惫不堪，对方却依然精力充沛。这种情形，自然会损及你的良好判断力。

法则 35：运用策略和技巧，交易达成无阻碍

当谈判双方已充分表明和列示需求后，此时，谈判双方在立场、利益等方面的分歧明显暴露。谈判双方都想为己方获得尽可能多的利益，都纷纷列举事实，旁征博引，据理力争，相互之间会出现你争我辩、质问与反质问、驳斥与反驳斥的对立竞争状态。

在这个阶段，双方要就谈判的内容或条款进行讨价还价，进行争论，有时还要做出妥协让步。总之，是使用各种策略的阶段，即使是为了达到互利的谈判，这些也不可避免。

下面就介绍一些常用的技巧与策略。

1. 注意培养信任的氛围

在导入阶段和概说阶段已经创造出一种互相诚挚相待的氛围，但那还未真正达到相互信赖。为了使双方能充分合作，应该注意信任的培养。

的确，人与人之间很难有绝对的信任，在谈判中，为了尽可能减少对方的怀疑和顾虑，增加对方对我方的信任度，谨慎而老练的谈判者会注意以下三点：职业道德、坦率、可信。

职业道德也是谈判中必须重视的因素。比如，对方有时会问你所提到的另一供应商或客户是谁，提供或要求什么条件。在这种情况下，只能告诉他这位供应商或客户的名称，但不能再告诉他进一步的情况。这是一种职业道德，虽然对方会暂时感到不愉快，但从长期看，还是会增强对你的信任的，因为他明白：你也不会在其他场合泄露他的有关情况。

这里所讲的坦率，涉及谈判者向对方提供有关信息，提出本次谈判的程序建议以及做出对双方都有利的任何贡献。如果一个谈判者只想从对方嘴里掏情况而吝惜自己所知道的情况，不与对方分享，那就说明他是一个只顾自己的利益而对合作不感兴趣的人。坦率既指对人的坦率，也指业务上的坦率，即不加掩饰地流露自己的感情、愿望和担心，同时也勇于说出本身的业务状况和希望在谈判中达到的目的。

然而，有时候坦率会带来危险，如果谈判对手是个不择手段的人，他就会利用你的坦率来达到他的目的。所以必须确认，对方应是和自己一样，都是本着达成互利的协议的精神，并遵循公认的商业道德来参加谈判的。如果没有确认对方的合作诚意，就不能充分地让对方处于有利位置。但是，一般来讲，一方越能以坦率的姿态出现在谈判桌上，就越有可能吸引对方以同样程度的坦率姿态进行谈判。

为了增加对方对我方的信任度仅靠坦率还远不够，还必须有“可信”来配合，每一方说的话都必须是可信的。最典型的例子是在出价和还价的时候，如果一方的报价高到不合理的程度，他就会立刻失去了信任。

总之，在开始阶段形成的合作氛围仅仅是一种氛围，还不能被看作是真诚合作的基础。真正的相互信任是以坦率、可信和职业道德为基础的，是在整个谈判过程中，甚至是在长期的交往中逐渐形成的。

2. 报价的原则和需要注意的问题

报价和讲价是谈判的核心，因此必须重视掌握报价和讲价的技巧。一则这些技巧将决定能否成交，二则还将在很大程度上认定赢利的幅度。

报价要坚定而果断，不必加上任何解释或说明。报价的三原则是：坚定、清楚、不加解释和说明。当然，在有些情况下，特别是在合作型谈判中，我方应当在报价前，将对该项交易的态度和看法做一番陈述。

3. 选择合适的开价

以“取得优势”为方针，卖方理想的开价自然是“最高可行价格”，对于买方而言，相应的开价最好是“最低可行价格”。

此外，每一单项的开价都应该是最高可行价格。因为，在我方设法为自己谋求优势利益时，对方肯定要迫使我方在一两个项目上让步。只有到了具体磋商阶段，我们才会知道对方会在哪些项目上迫使我们让步。因此，必须在所有项目上报出高价，为以后的讨价还价留下充分的回旋余地。

4. 谁先报价

在双方摸底工作结束之后，由谁来先报价呢？在谈判中报价是必然的。商业谈判中主要表现为价格、交货期、付款方式、保证条件。谈判中先报价有利还是后报价有利？对这个问题谈判界仍存在争议。

先报价的利在于：先行报价，影响较大。

爱迪生做电气技师时，他的某项发明获得了发明专利。公司经理派人把爱迪生叫到经理室，表示愿意购买爱迪生的发明专利。并问爱迪生，希望要多少钱。

爱迪生回答："我的发明对于公司有多大价值？我是不知道的。请你说一说吧。"

"40万元。怎么样？"经理报价了。

谈判顺利结束了。

事后，爱迪生这样说："我原来只想把专利卖到5 000美元，因为以后在实验上还要用很多钱，所以再便宜些我也肯卖的。"爱迪生就是靠了经理的先报价，及时修改了自己的想法，得到了继续他的研究发明事业的经济支持。

对手将试图在磋商过程中迫使先报价方按照他们的路子走下去，换句话来说，后报价方会集中力量对报价发起进攻，逼迫降价，而不泄露自己的报价。

5. 如何对待对方的报价

在对方报价时，己方要认真听取并尽力完整、准确、清楚地把握住对方的报价内容。

在对方报价结束之后，对某些不清楚的地方可以要求对方予以解答。同时，应将己方对对方报价的理解进行归纳总结，并加以复述，以确认自己的理解准确无误。

在对方报完价之后，己方较为策略的做法是不急于还价，而是要求对方对其报价或交易条件等做出详细的说明和解释，以便己方了解对方报价的实质、态势、意图及其诚意，寻找破绽，从而动摇对方报价的基础。在此基础上，针对一方的报价，另一方有两种行动选择：一是要求对方降低其要价或减少、修改条件；一是提出己方的报价或条件。一般来讲，要求对方降低其要价或减少、修改条件比较有利。因为这是对报价一方的反击，如果成功，可以争取到对方的让步，而己方既未暴露自身的报价或条件内容，更没有做出任何相应的让步。而报价方在报价完毕后，受到对方的提问时，应采取不问不答，有问必答，避虚就实，能言不书的策略。

法则 36：绝不拖延，把握结束谈判的最佳时机

当谈判进行到尾声接近于双方的预期目标时，要见好就收。这是指要及时结束谈判，以巩固前边的成果，否则再拖延下去，有可能前面所做的一切努力都是徒劳无功。那么，谈判进行到何时才算结束呢？

通常，谈判的结束有两种情况：一种是谈判双方发现保持双方各自利益和共同利益的最好办法是分道扬镳，最理想的谈判结果是谈判双方不用达成协议就可解决问题，此时就是谈判的结束；另一种是谈判双方就共同关心的问题取得了一致意见，达成了双方均感到满意的协议。这两种情况，都标志着谈判的结束。

在谈判临近结束之时，谈判人员要掌握谈判结束的时机。

1. 灵活对待谈判的截止时间

时间影响着每一次谈判。谈判者都会有意无意地对自己参与的每一次谈判划定开始的时间和结束的时间，这种长长短短的时间给定，受制于谈判者对每次谈判的重要性的认识、难易的估计、上级的命令和授权等多种因素。在大多数谈判中，重要的让步及决定，都是在接近截止的时限时才发生。如果你的截止时间有弹性，那你就能让对方做出进一步的让步。

由此可知，选择谈判结束的时间，是很有指导意义的，这就要求谈判者在谈判中要掌握适度的原则。当谈判进行到了你不能再让步的时候，或者再继续讨价对方也不会再让步的时候，或者再谈下去会功亏一篑的时候，一定要巧妙地结束谈判。

2. 做出承诺暗示结束谈判

谈判人员对自己应该承担的义务和责任做出承诺，就可以表明你要结束谈判的意图。要使对手确信你所表达的真实意思，减少对手的后顾之忧。谈判者的姿态有时表达不明确，会使对方误认为是进一步讨价还价的又一手段。比如你说谈判结束，人家认为这是一种威胁，并不是接受条件。真正的结束谈判就是要对今后的承诺负责任。所以说表态要明确认真，可以说：“经研究决定，我们……”。

3. 帮助对手撤回一项承诺

谈判人员让其谈判对手在不失面子的情况下撤回一项承诺，对谈判人员自己也是有利的。例如，谈判人员可以暗示其谈判对手，实际情况已经发生了变化，尽管事实并非如此；或者你可以暗示，你们是匆忙开始谈判的，准备工作不够完善，因而改变想法是合情合理的。总之你该尽力帮助你的对手。

举个例子来说明，有一个卖T恤的个体户每件T恤定价60元，它的款式和做工都还值60元，好几位跟他讨价还价都没成功。但有一位顾客很满意这件T恤，他决定压价买下来。他找了个腋下针脚脱线的小毛病，说如果没有这个毛病完全值60元，现在我愿以50元成交，你愿意吗？面对这位精明顾客说的“成交”二字，已经婉转地让卖主撤回原价，这位个体户老板最终同意以50元成交。

4. 不要因占了便宜而幸灾乐祸

卡内基曾说过，“一个真正的谈判者，总是保留别人的颜面。”然而，有些人因占了便宜而幸灾乐祸，殊不知，这会严重影响你和谈判对手的相互关系和以后你与对手谈判的氛围。注意让对手不失颜面地摆脱“最后通牒”接受条件结束谈判，因为你结束的是这场谈判，获得的是谈判的胜利，应该让对方接受这种结果。

5. 及时总结

总结的内容包括谈判的准备工作、谈判策略的选择和运用、谈判对手的情况、谈判人员在谈判中的作为等。

谈判的结束，往往是谈判双方握手言和、共同庆贺的时候。即便如此，有关的结束谈判的策略也很重要。因为它们不仅直接影响本次谈判的收尾工作，也影响着以后的谈判和以后谈判中的所有工作。

法则37：正确处理结局，让交易持续并继续

经过磋商阶段的交锋与妥协之后，双方认为已基本达到自己的目标，便表示拍板同意，然后由双方在协议书上签字，握手言和，这样整个谈判便告结束。在签署协议书的一瞬间，双方在谈判中那些有待审视甚至纠纷的内容便成为具有法律性质的条文奏了效，双方的行为也开始被监视、纠举或改正，以防止对方对已签署的协议书有违约行为。

从以往谈判的实践来看，一般说来，谈判的终局阶段可根据谈判的结果分为假性败局、真性败局及和局三种。下面分别就此做一分析：

1.假性败局

谈判各方在谈判过程中，经过一再讨价还价后，由于种种主客观原因，未能达成协议的暂时性谈判的终止即所谓的假性败局。它的特征是，谈判从形式上看已经结束，但却存在重新谈判的可能性，即双方之间仍存在着谈判的协议区。

谈判各方在谈判过程中，由于有阻碍谈判成功的客观原因，影响谈判不能达成协议而暂时终止的谈判即客观性假性败局。客观性假性败局一旦出现，谈判者就应该找准原因，采取相应的处理方法，如果没有特殊原因的话，谈判者应主动、积极地寻找时机，重新谈判。谈判各方在谈判中由于意见分歧而暂时终止谈判，以求达到重新谈判，获取利益之目的即所谓的主观性假性败局。

主客观假性谈判败局的共同点是两者都是谈判的失败，而且都存在重新谈判的可能性。两者的不同之处：客观性假性败局是由于在谈判中发现客观条件不具备，或谈判各方意见相左，一时又找不出解决方案的不得已的失败。主观性假性败局是由于在谈判中谈判者未能达到谈判目的，而有意终止谈判，以此向对方施加压力。它的主要特征是具有明显的目的性或主观性，即逼迫对方做出让步，待谈判再次进行时，能达成有利于己方的协议。但如果对方不肯让步，那么就会出现两种结果：一种是促成主观性假性败局的一方主动让步，或寻找新方案，来重新谈判；另一种是双方都不肯主观采取措施来破解谈判的假性败局，使其转化为真性败局。因此，在谈判中一旦出现假性败局，谈判各方都应正确分析原因，积极主动地采取措施，重新谈判。在此提供一些破解主观性假性败局的方法，以供谈判者们参考：

其一，找台阶。当谈判陷于主观性假性败局时，导致这一局面的一方，由于心理和其他因素影响，一时很难放下面子，采取主动。这时破解这一假性败局的方法，就是主动为对方寻找下台的台阶，以使其能顺水推舟。

其二，击中要害。当主观性假性败局出现之后，谈判者应找准病症，直捣其要害，坦率地指出对方施诈的目的，说服对方放弃“绕圈子”的做法，真诚地回到共同寻求解决问题的途径上来。语言应恳切，不可刺激对方弄假成真。

其三，以毒攻毒。谈判者如果能对谈判的结果判断正确，确定是主观性假性败局，并坚信对方不会放弃谈判，便可采用“以眼还眼，以牙还牙”的方法，以同样的理由宣布放弃谈判，以示决不让步的强硬立场，迫使对方态度缓和，重新回到谈判桌前。这种方法只局限用于此。

2. 真性败局

真性败局即谈判破裂，是指谈判各方进入谈判之后，由于各种原因而未能达成协议，最终结束谈判。谈判失败是经常发生的，谈判失败会给各方的物质、精神和感情带来损害。谈判的目的在于成功而不是失败，谈判者应当尽力避免谈判的败局产生。同时，也不能因为害怕谈判的不成功而不敢谈判或放弃谈判。问题关键在于怎样防止谈判的败局出现。这就需要对谈判中可能导致败局的种种原因做好充分的分析和预测，以找到防范的措施。能够导致谈判败局的原因很多，这是一个实践性很强的问题。要想防止由于谈判方式方法上的失误，就必须精通谈判理论，掌握谈判技巧，并善于在谈判中运用。

3. 和局

谈判各方在谈判过程中经过磋商，双方意见达成一致，签订协议，终止谈判的结局即谈判的和局。谈判和局，就是谈判的成功，它标志着谈判双方都是胜利者。

谈判的和局，是谈判各方协商一致努力争取的结果。因此，谈判的和局与谈判各方之间相互让步紧密联系。不过，必须注意的是，让步并非绝对平均，谈判者总是立足于对自己更为有利，或者付出代价也划算的前提而结束谈判。

谈判的和局必然表现为：谈判的各方就谈判的事项达成协议，且这种协议一般来说应是书面的。所以，在谈判的和局中，谈判者最重要的工作就是为协议的签署把好关。

第五章

零成本成交的秘籍：

不花分文达到目的

“人穷志短，马瘦毛长”反映的是穷人的无奈；“有钱能使鬼推磨，无钱只好磨推人”反映的是金钱的神奇。可是穷人难道就不办事吗？不花钱难道就办不成事吗？显然不对。社会上完全靠钱办成的事不是昧良心的就是犯法的。在正常的情况下，办事只需要必要的社交费用和活动开支，你真正要学会的是：少花钱多办事，少花钱办成事，不花钱也办事，花了钱别坏事。

法则38：没有资本时，用诚信和心计做生意

古人云：朝廷有人好办事。说的就是权势在人们心中的重要地位，以及对人们生活带来的重要影响。然而，当官的毕竟是少数。绝大多数的人都是普通百姓，过着普普通通的日子。但恰恰有些人，即使身无分文，无权无势，却依然可以将事办得很圆满。这是因为，他们既有诚信又善用心计。

人常说：无信不立，信即诚信是为人处世的根本。中华民族历来把诚实守信作为立身处世之本。孔子曾言："人而无信，不知其可也。"这句话为大家所普遍认同，成为人们的处世格言。可见，自古及今，只有诚实守信的人才能得到别人的尊敬和信任。

虽然在物欲横流的今天，诚信在人们眼中被淡化了，但人类仍然需要相互交流，不断交往，诚信依然很重要。在现实生活中，讲信用的人必然会受到应有的尊重和信任。无论是在哪一个场合，缺乏诚信就没有人格魅力，就没有真正的"身价"。外在的财富、容貌和职位可以影响别人对你的评价，但你若无诚信，你的外部条件只能使你更加遭人反感；你若有诚信，这些外部条件就会加倍地放大你的人格魅力。

喜欢随波逐流的人也可能会偶尔获得成功，但是他不可能会有大的成就，因为在办事过程中，不是每一次你都会有很好的运气。同样的一个机遇，去做的人越多，饱和的速度就越快。所

以，如果要想让自己永远发展、永远成功，就需要不断地提高自己的眼界，看到别人看不到的地方。

成功的人不仅用手做事，更会用脑子办事，用心计做事。

黄平以前是公司的一位普通职员，现在已经荣升为某电子公司的副总了。黄平做事与众不同的地方就在于他善于寻找别人遗忘的“黑洞”来发展自己。

他最早获得成功就是因为他看到了别人没有看到的地方——倒茶水的学问。他本来不是秘书，没有做这种杂事的义务，但是他却主动去做了。

偶然的机会，黄平发现老板喜欢喝花茶，而且经常把水杯放在右面。可是每次秘书总是把水杯放在老板左面，害得他不得不从椅子上站起来才能拿到杯子，有时一不小心还会把水洒在文件上。那天，秘书恰好不在，老板喊人给他倒茶。

黄平觉得这是个让老板认识自己的机会。于是，就主动跑过去为老板沏茶。他选择了茉莉花茶，而且只放了一小撮进去。因为他知道老板喜欢清新的东西，所以茶叶当然要选择香味较清淡的茉莉花茶，而且不要放太多。沏好茶后，黄平轻轻地把水杯放在老板办公桌的右上角，茶杯把手正好对着他，这样如果老板想喝茶，直接就可以拿到了，而不用再转茶杯。

老板看着黄平的这一套动作，非常惊讶：“你可不是我的秘书啊？怎么对这些事情知道得如此清楚？”

黄平微笑着说：“因为你是我的老板，我必须知道怎样为你服务，而且要让你满意。”

“是这样啊！那你说说看，怎样让我满意？”老板饶有兴趣地问。

黄平知道真正的机会来了，于是开始向老板讲述自己的“茶经”。首先清楚喝茶人的习惯，然后要明白倒茶的意义。不能倒太满，太满的茶温度很难降下来，这样就不能马上让人喝，就失去了倒茶的意义。而没有意义的服务，既浪费茶叶，又付出了无效的劳动。这样做事情的话，有什么用呢？

老板听了之后露出了赞许的微笑，并表扬了黄平一番。不久，黄平就当上了老板的高级助理。

每个人做事情，应该在别人看不到的地方下功夫，因为往往就是这些地方，才最能显示人的能力和智慧。

许多人之所以能够成功，就是因为他们敢于第一个“吃螃蟹”，敢于在别人看不到的地方施展拳脚。别人看不到的地方，就好像一张白纸，你很容易就能勾画出自己所想要的蓝图。但同时它又是难以发现的，这使许多人错失了靠它发展的机会。

法则39：没有交际圈，更需要编织商圈网

在成功学中有“友谊网”之说，认为喜欢别人又能让别人喜欢的人，才是世界上最成功的人。成功的人们大多喜欢广泛交际，有自己的一张“友谊网”。比如，你要某人推荐几个供你拜访的朋友，如果这个人是个失败的人，他只能好不容易地为你提

供一两个人，而且好不容易才找到这一两个人的地址和电话。成功的人就不同了，他们列出的名单上会包括各种各样的朋友。由此显示出成功者与失败者在交友方面的差别。

成功的人大多是有关系网的人。这种网络由各种不同的朋友组成，有过去的知己，有近交的新朋，有男的，有女的，有前辈，有同辈或晚辈，有地位高的，有地位低的，有不同行业的，有不同特长的，也有不同地方的……这样的关系网，才是一张全面的网络，也就是说，在你的关系网中，应该有各式各样的朋友，他们能够从不同的角度为你提供不同的帮助。

广泛与人交往是机遇的源泉。交往越广泛，遇到机遇的概率就越高。有许多机遇就是在与朋友的交往中出现的，有时甚至是在漫不经心的时候，朋友的一句话、朋友的朋友的帮助、朋友的关心等都可能化作难得的机遇。在很多情况下，就是靠朋友的推荐、朋友提供的信息和其他多方面的帮助，人们才获得了难得的机遇。例如，某单位新来一位主要领导，需要配备秘书，在多人跃跃欲试、趋之若鹜的情况下，小许被选中了。原因就在于这位领导委托自己的一个下级单位为自己物色秘书，而负责物色的这个人和小许是同学还是好朋友，他们都是国内一所名牌大学中国语言文学系的同一届毕业生。这个人又自然清楚，小许肯定胜任秘书职位，于是就把他推荐出来了。结果，领导本人满意，组织考察合格，正在为前程茫然奔波的小许更是欣喜若狂，因为他找到了适合自己的位置，在当时情况下当上领导同志的秘书，是他的心愿，也是他成功道路上的一个里程碑。这个里程碑的获得，关键因素是他有一个得到领导信任的同学。也许他想不到这个朋友会对他的成功起到至关重要的作用，也许他们之间彼此交往的时候，没想到这种交往决定了日后一个人的前途，更没想到这种交往就是一个人成功的机遇。因此，从这个意义上说，交往广泛，机遇就多。

实际上，你的“关系网”远比你意识到的要广大得多。你实际拥有的网络延伸到了你每天都有联系的人之外，更多的联系包括你与之共同工作和曾经一同工作过的人们、以前的同学和校友、朋友、你整个大家庭的成员、你遇到过的孩子的父母、你参加研讨会或其他会议时遇到的人，这些人都会是你的网络成员。你的网络成员还应该包括那些你在网络中认识的人，以及与他们有联系的人。

西方有句俗话说得好，每个人与总统只有六个人的距离。你认识一些人，他们又认识一些人，而他们又认识另外的一些人……这种连锁反应一直延续到总统的椭圆形办公室。而且，如果你距总统只有六个人的距离，那么你距你想会见的任何人也就只有六个人的距离，不管他是一家公司的总经理，还是你想让其加入你的团队中支持你的名人。

将你所有的关系网列出来，想想你认识并有业务联系的每个人，设计一个计划，以最有效的方式利用你的这些资源。

虽然如此，要想构建一个良好的有用的关系网也是要大费一番心思的，以下就是构筑关系网的一般步骤：

第一步就是筛选。把与自己的生活范围有直接关系和间接关系的人记在一个本子上，把没有什么关系的记在另一个本子上，这就像是打扑克中的“埋底牌”，把有用的留在手上，把无用的埋下去。

第二步就是排队。要对自己认识的人进行分析，列出哪些人是最重要的，哪些人是比较重要的，哪些人是次要的，根据自己的需要排队。这就像打扑克中的“理牌”一样，明白自己手里有几张主牌，几张副牌，哪些牌最有力量，可以用来夺分保底，哪些牌可以用来应付场面。

由此，你自然就会明白，哪些关系需要重点维系和保护，哪些只需要保持一般联系和关照，从而决定自己的交际策略，合理安排自己的精力和时间。

第三步要对关系进行分类。生活中一时有难，需要求助于人，事情往往涉及很多方面，你需要很多方面的支援，不可能只从某一方面获得。

比如，有的关系可以帮助你办理有关手续，有的则能够帮助你出谋划策，有的则能为你提供某种信息。虽然作用不同，但对你都可能是至关重要的，所以一定要分门别类，对各种关系的功能和作用进行分析、鉴别，把它们编织到自己的关系网之中。

一个人托人办事的实力和资历也往往体现在这张“联络图”上。有能耐的人，他这张图的质量高、价值高，在需要托人办事时左右逢源，无所不能。相信这样的人也是每个人梦寐以求要做的所谓“神通广大”的人。当你遵循上面的原则去做以后，你会发现，成为这样的人的梦想离你并不遥远。

法则 40：主动联系人，利益才会找上门

商务应酬中有些人是相当封闭的，这种人不一定都是内向的人，有的人话虽然不少，但是从不触及自己的私生活，不谈自己内心的感受，往往有一种拒人于千里之外的感觉。

一个人对他人的开放性体现在两个方面：一方面是由初次见面时待人接物的习惯所决定的，这称为社交性。社交能力强的人善于闲谈，但谈话中未必会涉及根本问题。另一方面是由一个人是否愿意将自己的本意、内心展现给他人所决定的，这称为自我展示性。

这两种类型的开放性通常是完全独立的。有些人社交能力很强，他们可以饶有兴趣地与你谈论国际时事、体育新闻、家长里短，可是从来不会表明自己的态度。而你一旦将话题引入略带私密性的问题时，他就会插科打诨，或是一言以蔽之。可见，一个健谈的人，也可能对自身的敏感问题，有相当强的抵触心理。相反，有一些人虽不善言辞，却总希望能向对方袒露心声，反而很快能和别人拉近距离。

人之相识，贵在相知；人之相知，贵在知心。要想拉近与对方的距离，就必须表露自己的真实感情和真实想法，向别人讲心里话，坦率地介绍自己，推销自己。这就是自我暴露。

当自己处于明处，而对方处于暗处时，你一定会感到不舒服。自己表露情感，对方却讳莫如深，不和你交心，你一定不会对他产生亲切感和信赖感。当一个人向你表白内心深处的感受，

你可以感受到对方首先是信任你，其次想和你进行情感的沟通。这就会一下子拉近你们的距离。

在应酬中，我们会发现有的人知心朋友比较多，虽然他（她）外表看起来不是很擅长社交。这是为什么呢？如果你仔细观察，会发现这样的人一般都有一个特点，就是为人真诚，渴望情感沟通。他们说的话也许不多，但都是真诚的。他们有困难的时候，不知怎么总能有人来帮助他（她），而且很慷慨。

而有的人，虽然很擅长社交，甚至在交际场中如鱼得水，但是他们却少有知心朋友。他们习惯于说场面话，做表面功夫，交的朋友又多又快，感情却都不是很深。因为他们虽然说很多话，但是却很少暴露自己的感情。其实人人都不傻，都能本能地感受到对方对自己是出于需要，还是出于情感而来往。

每个人内心深处都有对情感的需要，就好像对食物的需要一样，是与生俱来的。情感纽带下结成的关系，要比暂时的利益关系更加牢固。

实际上，人和人情感上多少总会有相通之处。如果你愿意向对方适度袒露，总会发现相互的共同之处，总能和对方建立某种感情的联系。对于可以信任的人吐露秘密，有时会一下子赢得对方的心。心理学家认为，一个人应该至少让一个重要的他人知道和了解真实的自我。这样的人在心理上是健康的，也是实现自我价值所必需的。

当然，凡事都有度，商务人员在应酬中自我暴露不足是不好的，过度也是不好的。商务人员在应酬中，要掌握自我暴露定律，在与客户的交往中，交流一些生活中的并不私密的情感，既给人亲近之感，又不会让自己处于不安全的境地，从而拉近与客户的距离，这样一来谈成生意也就是时间的问题了。

法则 41：无事也登三宝殿，常来常往生意长

常言道："无事不登三宝殿"，言外之意是有事相求。其实这正是台下功夫不到家的一个明显例子。会处世的人平日里很注意与人保持联系，常常无事也登三宝殿。而平时不联系，有事才求助于人，未免显得太过功利，给人"现用现交"之感。

现代社会，人与人之间的沟通和交流越来越便捷，人们除了聚会约见，还有随时都能沟通的电话、微信等即时聊天软件。只要你想与人联系，是很容易办到的事。可是，或许正是因为人与人之间太容易联系、太容易见到，人们之间的问候反倒少了。这不仅与快节奏的生活状态有关，也与人的心态有关。有的人认为你不主动与我联系，我凭什么主动联系你。正是这种心态造成了人与人之间的距离越来越远。而有的人，长时间不联系，一旦有事，立马找你。这种现用现交的人绝不可交往。

因此，要想保持长期的友好关系，在你遇到事时得到别人的帮助，就要常到朋友、同事家做做客以加强联系和沟通，这点是非常有必要的。不过也要把握一定的分寸，懂得做客的学问。免得落个乘兴而去，败兴而归。以下建议可供参考：

（1）预约的拜访要严格遵守时间，别忘了“浪费别人的时间等于谋财害命”。如果预约的拜访不能准时赴约，要提前打电话通知，即使责任不在自己，也要道歉。

（2）主人向自己介绍新朋友时，一定要站起来，以示谢意，同时一定要在第一次介绍中记住对方的姓名，免得谈话里不好称呼。对一些自己不认识的长辈或领导同志，要主动站起来，先自我介绍，让对方了解自己。介绍自己要亲切有礼，态度要谦虚，不能自我吹嘘。

（3）在同事家中做客，受欢迎的人绝不是大大咧咧地径直坐到座上，而应等主人邀请后才能就座；等人时，不要左顾右盼，在谈话时安静稳重最为礼貌。

（4）在进同事家门之前，要先看鞋上是否带泥。擦掉泥之后，先行敲门再走进去。雨具、外衣等要放到主人指定的地方。如果主人较自己年长，那么主人没坐下，自己不宜先坐下。自己的交通工具如自行车要锁好，放在不影响别人通行的地方，如果放的位置不好或忘锁而被盗，不仅自己受损失，也给主人带来麻烦。

（5）要知道吸烟属于个人嗜好，有人喜欢有人讨厌，抽烟时一定要征得主人的同意，特别是女主人的同意，因为间接吸烟也危害他人的健康。如果主人家未置烟灰缸，多半是忌烟的。

当然，同事应酬中没有永远的主人，也没有永远的客人，做个懂礼之客固然重要，做个能得体待客的主人也要紧得很。事先得知同事来访，要提前准备好茶具、烟具。客人进门后，要热情迎接并请上座。如果客人是从远道而来，要问问是否用过餐。对一般客人，在饭前只给烟茶就可以了，茶壶可以放在桌子上，对尊敬的客人或领导、长辈、同事，要在另外的屋里把茶倒好送进去，每次倒茶要倒八分满，宜于客人饮用。

如果是“不速之客”，也要起立相迎。室内来不及清理，应向客人致歉。不宜当着客人的面扫地，弄得满屋灰尘。接待时，要问明来意。比如说：“你今天怎么抽出空来了呢？”对方如答：“有事要麻烦您。”如果客人没有直说出来，就不要立即追问，恐怕是因为还有家中其他人在场，难以启口，那就不妨改变一下接待方式。

总之，在拜访朋友和接待朋友时，都要注意必要的礼貌，只有这样，你的友情才能维持得长久，你的关系网才能稳固而可靠。

法则42：多予人恩惠，少亏欠人情

人们常说：“人情大过债。”要把人情当债看，这样你的朋友才会越来越多，你的办事过程才会越来越顺利。

在人际交往中，朋友之间相互帮忙是很平常的事情。但是，这里面也有不少的诀窍。如何帮忙，如何应付人情，不是一件简单的事情。需要记住的是：人情是必须回报的。但是怎样回报，什么时候回报，回报多少，却从来没有什么固定的规律可言。

要学会“送人情”，不要让朋友觉得恩情过重以至于不予接受，人情要送得恰到好处，才能避免给人一种负担的感觉。同时还要尽量避免欠下人家的人情。《论语》上说：“惠则足以使人。”意思是说，你给予了别人恩惠，就足以使唤别人了。所以，对朋友的各种恩惠要慎重，不要见好处就上，能不接受的尽量不要接受，要知道“吃人嘴软，拿人手短”。天底下哪里有免费的午餐？吃了人家的、拿了人家的，肯定要替人家办事才行。

当然这个要和朋友之间礼尚往来、互赠礼物这种正常交往区分开来。只要自己仔细观察，还是能够将带有明显功利目的的朋友识别出来的。俗话说，无事不登三宝殿。如果一个并不熟的朋友不请自来，或者日常好友，带的礼物异常贵重，你不必感到奇怪，肯定是有求于你来了。

人贵有自知之明，自己最应该了解自己的能力，能喝几杯酒，能办什么事。生活中不少人好面子，也算热心肠，整天就爱打肿脸充胖子，朋友求到面前了，也不管自己行不行，马上胸脯一拍，大话就说出去了。更有甚者，明知自己办不成，硬着头皮也要应承，认为只有这样朋友才会看得起自己，这样做才够意思。

《三国演义》中就说了这么一个人，他的名字叫蒋干。他自吹自擂，认为自己的口才可以直追春秋战国时期合纵连横的苏秦、张仪，因此向曹操自荐，要求去说服周瑜投降曹操。曹操一时被他的言辞打动，就派他前往东吴做说客。蒋干刚见到周瑜，立刻被周瑜说破了来意，弄得他无法开口，加上一点威逼利诱，蒋干根本无计可施。他最后盗走了周瑜假冒蔡瑁、张允的笔迹写的假书信，害得曹操中计，白白损失了两员善于水战的大将，最终直接葬送了曹操80多万人马。

所以对于力所不能及的事情，千万不要逞强，说不定你还会将事情办坏，办不成的事情，不要羞于出口，要老实地告诉对方。蒋干就是太不自量力，事情没办成不说，还连累了别人。要知道朋友之所以来找你，就是因为他也办不成，别为你帮不上别人的忙而难过，与其搞砸了这件事，还不如让他另请高明，这就相当于帮助他了。

国人讲求面子，所以一定要注意保存别人的颜面，即使别人求你帮忙，也不能忽视这一点，因为不知道什么时候你也会有求于人。别人带来的礼物，你如果一口回绝，他就会觉得你不给他面子，你再让他带回去，更是折损对方的尊严。所以，你也不能太伤人家的面子，盛情难却，你可以暂时收下，但你必须记着要把这个人情送回去。你可以去回访他，带着差不多的礼物，两下扯平，也不会伤了和气。

朋友请你办事的第二种方式，就是设饭局。这也是为别人考虑的一种方法，因为东西送到府上，你不能不给面子，尽管也许不情愿。但是吃饭却得预约，对方或许有许多借口去推辞掉，这等于帮助别人留有余地。但是拒绝的人脑子也要转得快些，推辞要讲得合情合理，委婉含蓄些，让双方都有面子。有些是朋友出面介绍其他的人，要知道对方是谁，要搞清关系网，弄明白朋友圈，再想想是赴约还是推辞掉，这样会比较好些。

总之，避免人情债，尽量多助人，但要有自知之明。在家靠父母，出门靠朋友，多个朋友多条路，知道如何与朋友相处，将会大大有助于你的办事。

法则43：善于引荐自己，普通人也能办大事

有的人整日都不办什么正经事，他的理由是“我无权无势，没有人找我办事，我也办不成什么事”。其实这完全是借口，只不过是为自己的碌碌无为找一个托词。必须看到，权力是对那些有办事能力的人的一种认可和奖赏，因为只有这样的人才会用好权力。

在我们身边，不难发现这样的人，他（她）们一提到别人，可以滔滔不绝，把别人的优点或缺点分析得头头是道；一讲到自己，特别是提到自己的缺点，不是难以启齿，就是借讲自己的缺点拐弯抹角地讲出自己的成绩，以为不这样，就不能表现出自己的高人一等。这是这些人求人办事的最大障碍。

马斯洛说，在社会上生活的人，谁都有满足自我的需要，都希望别人能承认、尊重、赏识自己的知识和才能。为了达到求人办事的目的，你就需要不断地想方设法在他人面前表现或推销自我，以使对方从心理上接受自己，为求人成功开通道路。

“自我推销”是一种艺术。战国时代，古人就以他们的智慧和经验，创造出了“无敌的自我推销术”。这种推销术方法很

多，方式也不一样。例如，张仪是连横策略的创始人之一，他由魏国一名不起眼的说客，一跃成为魏秦的宰相，以滔滔辩才登上万众瞩目的政治舞台，执战国政局之牛耳。像张仪这种完全靠自己的游说来谋得显赫地位和财富的人，在战国时为数不少。

自我推销要想获得成功，就要善于“标新立异”地推销自己。推销自己是为了办事顺利，其中引起重视是一个重要因素。然而如何才能标新立异呢？像毛遂那样，思维敏捷，文采出众，勇略过人，通过精彩的自我表现，凸显出个人的价值与个性，树立鲜明的形象，为对方承认和接受，成功也就近在咫尺了。

在现代社会，已不是谦卑有别、礼让三分的时代，人们要学会展示自己，学会毛遂自荐，让别人看到你，知道你的存在，知道你的能力。认真体会“毛遂自荐”的奥妙，努力去实践它，你会得到意想不到的好处。

从古至今，敢于自荐的人，是很不容易的。自荐者不仅要有足够的胆量、勇气，而且还要具有对自身价值的高度自信，对完成某项任务有自己独到的见解和主张，并抱有强烈的事业心和责任感。毛遂之所以敢于自荐，正是有这样的勇气和信心做保障。从现时看，自荐者往往会遭到一些人的妒忌和各种各样的非议，甚至诽谤。因此，领导者满腔热情地鼓励和爱护自荐者，并给他们以切实有力的支持，就显得十分必要。只有这样，才能最大限度地发掘和利用人才资源，避免抑善蔽才。

在一家出版社的编辑部里，进来一位求职的女孩。这是一个毛遂自荐者，英文很好，想到出版社来当编辑。出版社因为目前没有英文书的出版计划，没有用她，但却把她推荐给一位同行，因此，这个女孩有了很好的工作。

出版社的负责人后来曾谈及此事，这个女孩的英文能力并不如她自己描述得那么好，但她敢于毛遂自荐，至少表现了她积极主动和勇于向陌生人、陌生事挑战的一面，谁都会喜欢这样的人。

大凡生意场上的老板，总是无利不起早，为赚钱而煞费苦心，老板用人，亦是如此，积极主动富有挑战精神的人是最适合他的。

现代社会竞争太激烈了，“待价而沽”或“三顾茅庐”的时代已经过去了，你如果不主动出击，让别人看到你，知道你的存在和实力，那你就可能坐以待毙。

在工作岗位上，亦可发挥毛遂自荐的精神，推荐你自己去做某项工作或担任某项职务。不过热门的职务和工作角逐者众多，这种毛遂自荐的效果不会太大，但总给了自己一个机会。

面对难度大的工作，毛遂自荐的成功率相对较高。如果你有能力，可自告奋勇挑战那人人避之唯恐不及的工作。因为别人不愿意做，你的毛遂自荐可以凸显你的存在。如果一战成功，你当然是唯一的英雄；如果失败了，也可学到宝贵的经验。

你的毛遂自荐，也替你的上司解决了难题，他对你的印象将会有新的改观。更重要的是，这个过程将成为你日后面对更艰难工作的勇气来源。

如果你的毛遂自荐没有如愿，千万不要灰心丧气，因为你的勇气已在别人心中留下深刻的印象，而且一次的失败正是下次成功的本钱。

法则44：抛弃所谓的自尊，脸皮厚才吃个够

常言道：脸皮厚吃个够，脸皮薄吃不着。生活中，有些人脸皮太薄，自尊心太强，经不住被拒绝的打击，只要略一受阻，他们就脸红，感到羞辱、气恼，拂袖而去，再不回头，甚至与对方争吵闹崩。

表面看来这种人似乎很有几分“骨气”，其实这是心理素质过于脆弱的表现，只顾面子而不想千方百计达到目的的人，很难办成事情，更难有大的事业发展。

因此，在求人办事时，不要抱着所谓的自尊不放，为了达到目的，必须增强抗挫折的能力，碰个钉子脸不红心不跳，不气不恼，照样笑容可掬地与人周旋，只要还有一丝希望就要全力争取，不达目的决不罢休。有这种缠住不放的意志，才能把事情办成。

另一方面，软磨硬泡消耗的是时间，而时间恰恰是一种办事武器。时间对谁都是宝贵的，人们最耗不起的是时间。所以，如果你以足够的耐心，摆出一副“打持久战”的姿态与对方对垒时，就会让对方的心理产生震慑，足以促其改变初衷，加快办事速度。

有个卖保险的业务员，到一家餐厅拜访餐厅老板，老板一听是保险公司的人，笑脸倏地收了起来："保险这玩意儿，根本没用。为什么呢？因为必须等我死了以后才能领钱，这算什么呢？"

"我不会浪费您太多的时间，您只要给我几分钟的时间让我为您说明就好了！"业务员并不退缩。

"我现在很忙，如果你的时间太多，何不帮我洗洗碗盘呢？"

老板本来是以开玩笑的口吻戏谑他，没想到年轻的业务员真的脱下西装外套，卷起袖子开始洗了。老板娘吓了一跳，大喊："你用不着来这一套，我们实在不需要保险！所以，不管你怎么说，怎么做，我们绝不会投保的，我看你还是别浪费时间！"

业务员每天都来洗碗盘，老板依旧是铁石心肠地告诉他："你再来几次也没用，你也用不着再洗了，如果你够聪明，趁早找别家吧！"

但是这位有耐心的业务员依然天天来洗，10天、20天、30天过去了。到了第40天，这个讨厌保险的老板，终于被业务员的耐心打动了，最后答应他投高额保险，不仅如此，而且还替这位有耐心的年轻业务员介绍了不少生意。

每个人都能成事，成功的人之所以成功是因他们有一种锲而不舍的精神，他们能够坚持到底。当你想说服某人时，态度要诚恳，语气应平和。即使受了冷遇，碰了钉子，或者处理者发了火，你也要沉住气，你仍然要心平气和地陈述你的看法，只要问题能处理，受点委屈也值得。

求人办事时，说话要注意用语的分寸，多用恳请语气，千万不可用“怎么还不处理呀？”“不是说今天就给我答复吗？为何讲话不算数？”“你们到底什么时候解决？”“这个月底前必须处理！”……这种责问句或命令句不会带来积极的结果，如果改换另一种询问口气，可能效果会好得多。

不能有急躁情绪，要耐心地、不厌其烦地登门拜访，讲述你的理由和要求。别指望很快就能得到答复和处理，要有长期作战的心理准备。俗话说：“人心都是肉长的。”不管双方认知距离有多大，只要你耐心周旋，缠住别放，用行动让对方感到你十分有诚意，就会促使对方去思索，进而理解你的苦心，从固执的框子里跳出来，那时你就将“缠”出希望了。

无论做什么事，顾及颜面是必要的。但过于顾及颜面而失了办事的最佳时机，就得不偿失了。毕竟，我们求人的目的是办成事，而不是死要面子活受罪。

法则 45：利用互补定律，寻求商务合作之道

在应酬中，我们可以发现，不仅特征相似的人会相互吸引，而且彼此之间差异较大的人，也能够建立较为亲密的关系。在需要、兴趣、气质、性格、能力、特长和思想观念等方面，如果存在差异，而双方的需要和满足途径又正好成为互补关系，就可以

产生相互吸引的关系。这证明人不仅有认同的需要，也有从对方获得自己所缺乏的东西的需要。

那么，互补和相似定律是否矛盾呢？它们并不矛盾，因为差异并不一定都能形成互补。

互补性的前提是，交往双方都得到满足，如果不能满足这一要求，那么相反的特性就不能够产生互补，甚至还产生厌恶和排斥。比如高雅和庸俗、庄重和轻浮、真诚和虚伪等，这些就只能造成“道不同者不相为谋”。

或者说，形成相似的那些条件，往往是大的方面，比如人生观、做人处世原则、人生追求等。这些如果不同，就难以理解，不容易吸引。而形成互补的，往往是相对较小的方面，比较具体的特征。就像人们常说的：“该相似的地方相似，该互补的地方互补。”

互补一般可分为两种情况。一种是交往中的一方能满足另一方的某种需要，或者弥补某种短处，那么前者就会对后者产生吸引力。如能力强、有某种特长、思维活跃的人，对能力差、无特长、思维迟缓的人来说，就具有吸引力；依赖性特别强的人愿意和独立的人在一起；脾气暴躁的人和脾气温和的人能够成为好朋友；支配型的人和服从型的人能够结为秦晋之好。试想，如果两个都是支配型的人结为夫妻，那家中还能有太平吗？另一种情况是因为别人的某一特点满足了你的理想，而增加了你对他的喜欢程度。如一个看重学历的人，自己又没有拿高学历的机会，会很看重高学历的朋友，等等。

任何人都与生俱来地具有一些缺点，而且性格不是那么容易改变。为了弥补自己的不足，我们往往在寻求生活伴侣和事业伙伴时，注意寻找能弥补自己缺点的人。

在事业的合作上，寻找和自己互补的人是非常重要的。比如，比尔·盖茨原来自己经营微软公司，时间长了，逐渐发现自己在管理方面能力的某种欠缺。而且他自己真正的兴趣是在软件开发上，所以逐渐感到分身乏术，力不从心，工作兴趣也下降了。他逐渐认识到管理方面需要有专门的人才来为他打理，后来就找到了大学时的校友鲍尔默。而鲍尔默恰恰是个管理方面的天才，他热情万丈，善于影响别人，善于调动职工的积极性。

对于比尔·盖茨来说烦琐乏味的管理工作，对于鲍尔默来说则乐趣无穷。这就形成了很好的互补关系，强强联合，缔造了辉煌的成功。

商务应酬中，商务人员如果可以熟练运用相似定律和互补定律，全面掌握与客户的交往，那么在应酬中必能无往而不利。

法则46：巧借贵人，小人物也能成大生意

有句古诗：好风凭借力，送我上青云。言外之意就是巧借力。生活中，大多数人都是平凡的小人物。但是，在小人物中，有大作为的人很多。他们之所以能成就一番事业有很多因素，但有一点是相同的，他们都擅长借别人之力，助己之力，他们随时

都能找到生命中的贵人。

那么，小人物如何才能借到贵人的光呢？唯一的方法就是在贵人的网上结上自己的“扣子”。

谁不想得到贵人的相助？但小人物和贵人之间相隔何止十万八千里，即使有缘碰上个“不论好歹”的贵人，求他办事照样碰钉子。

在无数小人物心中，总是认为求贵人相助多半是想想而已，因为贵人实在难求呀。但也有小人物中的另类，凭着聪明智慧，得到贵人相助，办成了大事。

清政府的官场中历来靠后台，走后门，需要求人写推荐信。然而军机大臣左宗棠从来不给人写推荐信，他说：“一个人只要有本事，自会有人用他。”左宗棠有个知己好友的儿子，名叫黄兰阶，在福建候补知县多年也没候到实缺。他见别人都有大官写推荐信，想到父亲生前与左宗棠很要好，就跑到北京来找左宗棠。左宗棠见了故人之子，十分客气，但当黄兰阶提出想让他写推荐信给福建总督时，顿时就变了脸，几句话就将黄兰阶打发走了。

黄兰阶又气又恨，离开左相府，就闲踱到琉璃厂看书画散心。忽然，他见到一个小店老板学写左宗棠字体，十分逼真，心中一动，想出一条妙计。他让店主写柄扇子，落了款，得意扬扬地摇回福州。

这天，是参见总督的日子，黄兰阶手摇纸扇，径直走到总督堂上，总督见了很奇怪，问：“外面很热吗？都立秋了，老兄还拿扇子摇个不停。”

黄兰阶把扇子一晃：“不瞒大帅说，外边天气并不太热，只是我这柄扇是此次进京，左宗棠大人亲送的，所以舍不得放手。”

总督吃了一惊，心想：“我以为这姓黄的没有后台，所以候补几年也没任命他实缺，不想他却有这么个大后台。左宗棠天天跟皇上见面，他若恨我，只消在皇上面前说个一句半句，我可就吃不住了。”总督要过黄兰阶手中的扇子仔细察看，确系左宗棠笔迹，一点不差。他将扇子还与黄兰阶，闷闷不乐地回到后堂，找师爷商议此事，第二天就给黄兰阶挂牌任了知县。

黄兰阶没几年就升到四品道台。总督一次进京，见了左宗棠，讨好地说：“宗棠大人故友之子黄兰阶，如今在敝省当了道台了。”

左宗棠笑道：“是嘛！那次他来找我，我就对他说：‘只要有本事，自有识货人。’老兄就很识人才嘛！”

黄兰阶能够官拜道台，是以左宗棠这个大贵人为背景，让总督这个小贵人给他升了官，实在是棋高一着。当然，欺世盗名，瞒天过海，是应该遭受谴责的，清政府的官场腐败也令人惊诧、痛恨。但是单从借力的角度，为自己寻求一些贵人作为背景，从而使自己尽快得到提拔，使英雄有用武之地，却是值得借鉴的。

法则47：通过办事结交情，有了交情办大事

《小政治家必备》这本书曾经在法国流行。书中教导那些有心在仕途上有所作为的人，必须起码搜集20个将来最有可能做总理的人的资料，并把它背得烂熟，然后有规律地按时去拜访这些人，和他们保持较好的联系，这样，当这些人之中的任何一个人当上总理，自然就很容易记起你来，大有可能给你一个部长的职位了。这种手法看起来不大高明，但是非常合乎现实。

一名政治家在他的回忆录中提到：当他被委任组阁的受命伊始，心情很是焦虑。因为一个政府的内阁起码有七八位部长，如何去挑选这么多的人选呢？这的确是一件难事。因为被选的人中除了有一定的才能、经验之外，最要紧的一点，就是“和自己有些交情”。和别人有交情才容易得到别人的赏识，不然的话，任你有通天的本领，别人也不知道。由此可见，人和事之间的关系是：通过办事认识更多的人，认识更多的人之后办成更大的事。

现代人生活忙忙碌碌，没有时间进行过多的应酬，日子一长，许多原本牢靠的关系也会变得松散，朋友之间逐渐淡漠，这是很可惜的。这就需要大家一定要珍惜人与人之间宝贵的缘分，即使再忙，也别忘了沟通感情。

有位刚去美国的人给他的国内朋友来信说：“我们在这儿也没有什么社交生活，我们难得去看看朋友，这当然是因为我们初到异境，认识的朋友不多，但后来我听说，其他的人也一样……”

“我们每星期工作五天，星期六和星期天都去郊外，这是一种家庭式的生活。就是说，要去郊外，就跟自己的家人一起去。”

“我们不能利用假期去探望朋友，因为一到假期，谁都不在家，除非朋友患病在床……”

“但我们常常和朋友通电话，这是我们唯一可以应酬朋友的方法，我们无事也打电话，哪怕是寒暄几句，或者讲些无关紧要的事。”

“但有事情时，我们会立刻聚在一起的。比方说上星期我儿子肚子痛，我急忙起来打电话给友人江医生让他想办法。他马上驾车从70公里外赶到，初步诊断，认定我儿子患了盲肠炎，就用他的车子送孩子进医院做了手术……”

有事之时找朋友，人皆有之，无事之时找朋友，你可曾有过？

不知你有没有过这样的经验：当你遇到了困难，你认为某人可以帮你解决，本想马上去找他，但后来转念一想，过去有许多时候本来应该去看看他的，结果都没有去，现在有求于人就去找他，会不会太唐突了？甚至因为太唐突而遭到他的拒绝？

在这种情形之下，你就会有些后悔“闲时不烧香”了。

人生在世，做人做事不可急功近利。友谊之花，须经年累月培养。

善于放长线钓大鱼的人，看到大鱼上钩之后，总是不急着收线扬竿，把鱼甩到岸上。因为这样做，到头来不仅可能抓不到鱼，还可能把钓竿折断。他会按捺下心头的喜悦，不慌不忙地收几下线，慢慢地把鱼拉近岸边；一旦大鱼挣扎，便又放松钓线，让鱼游窜几下，再慢慢收钩。如此一收一放，等到大鱼筋疲力尽，无力挣扎，才将它拉近岸边，用提网兜拽上岸。

求人也是一样，如果逼得太紧，别人反而会一口回绝你的请求。只有耐心等待，才会有成功的喜讯。

有一位小公司的老板靠承包那些大电器公司的工程谋生，起初他的日子也过得很是困难。但后来在一位高人的指点下，这位穷老板很快掌握了制胜的秘诀。与一般企业家的不同之处是：他不仅奉承公司高层，对年轻的职员也殷勤款待。

谁都知道，这位穷老板并非无的放矢。

事前，他总是想方设法将电器公司中各员工的学历、人际关系、工作能力和业绩，作一次全面的调查和了解，认为这个人大有可为，以后会成为公司的要员时，不管他有多年轻，都会尽心款待。这位穷老板这样做的目的是为日后获得更多的利益作准备。

这位老板明白，10个欠他人情债的人当中总会有几个能给他带来意想不到的收益。他现在做的“亏本”生意，日后会利滚利地收回成本。

所以，当自己所看中的某位年轻职员晋升后，他会立即跑上去庆祝，并送上礼物，同时还邀请他到高级餐馆用餐。年轻的职员很少去这类场所，因此对他的这种盛情款待自然倍加感动，心想：我从前从未给过这位老板什么好处，并且现在还没有掌握重大交易的决策权，这位老板真是位大好人！无形之中，这位年轻职员自然产生了感恩图报的意识。

正在受宠若惊之际，这位老板却说："我们公司能有今天，完全是靠贵公司的抬举，因此，我向你这位优秀的职员表示谢意，也是应该的。"这样说的用意是不想让这位职员有太大的心理负担。

这样，当有朝一日这些职员晋升至管理层时，还记着这位老板的恩惠。因此在生意竞争十分激烈的时期，许多承包商倒闭的倒闭，破产的破产，而这位老板的公司开得越来越火，究其原因就是由于他平常人脉积累多。

综观这位老板"放长线"的手段确有他"老姜"的"辣味"。这也揭示了求人交友要有长远眼光，尽量少做临时抱佛脚的买卖，而要注重有目标的长期感情投资。同时，放长线钓大鱼，必须慧眼识英雄，才不至于将心血枉费在那些中看不中用的庸才身上，以免日后收不回成本。

第六章

生意中的让利学：

让钱和人脉来找你

人们都愿意跟李嘉诚做生意，因为每个人都知道，和李嘉诚合作会赚到便宜。李嘉诚秉持的原则是：与别人合作时，自己总是少拿二分。他的生意手段太高明了！其他生意人因与李嘉诚合作，每单生意多赚二分，但李嘉诚却因少拿这二分而多赚几百分。正因为此，才有更多的人愿意同他合作。只要你掌握了生意中的“让利学”，自会有源源不断的人脉和钱脉来找你。

法则48：做事先做人，经商从做人开始

“未学经商，先学做人”，这是李嘉诚先生经常说的一句话。

有人说，传统文化与商业文化大相径庭，水火不相容。成为商界巨子的李嘉诚，却能将这两者很好地结合成一体。在物欲横流的商业社会，他展现出一个中国人应有的传统美德。

这种传统美德是李嘉诚为人处世的基础，并由此延展为他从商的准则。这些都得益于他父亲的熏陶。

1943年，李云经英年早逝。他没有给李嘉诚留下一文钱，相反，给李嘉诚留下了一副家庭的重担。但另一方面，李云经给李嘉诚留下了终身受益的丰厚遗产，那就是如何做人的道理。生活重担与做人之道，在李嘉诚的商业生涯中有着至关重要的地位。

李云经临终前，哽咽着对李嘉诚说了两句话：

“阿诚，这个家从此就靠你了，你一定要把它维持下去啊！”

“阿诚，阿爸对不起你……”

就是因为对父亲的承诺和对家庭的责任，年仅14岁的李嘉诚谢绝了舅父继续供他上中学的好意，毅然决然地辍学求职。他要挣钱，要挣好多好多的钱。14岁的少年只有一个信念，就是要养活母亲和弟弟妹妹，他必须挣钱。残酷的生计，迫使李嘉诚别无

选择地走上从商之路。

李嘉诚的理想是当一个教育家，而不是商人，如果不是迫于无奈，他是不会去从商的。李嘉诚后来回忆说，就是立业之初，他的理想还依然是“赚一大笔钱，然后再去搞教育”。由此可见，李嘉诚从商实在是身不由己、逼上梁山。别无选择使李嘉诚义无反顾，在商海搏击，最终成为香港首富、世界华人首富。

父亲生前教给李嘉诚许多丰富而珍贵的做人道理。比如“贫穷志不移”“做人需有骨气”“求人不如求己”“吃得苦中苦，方为人上人”“不义而富且贵，于我如浮云”“失意不灰心，得意莫忘形”“穷则独善其身，达则兼善天下”等等。

父亲的熏陶和遗训，李嘉诚永志不忘，并延展为从商准则。李嘉诚在香港乃至国际商界树立起良好的大家风范，因恪守商业道德而赢得了高度的信誉。这千金难买的信誉又回馈了李嘉诚无数的财富。

在李嘉诚的经商原则中，以善从商也是始终不变的，因为他懂得唯有从善才会生意兴隆。

李嘉诚终生难忘他一生中唯一的一次“饭碗危机”。李嘉诚在茶楼跑堂时，有一天，一位生意人在大谈生意经，李嘉诚听得入迷，竟忘了侍候客人茶水。待听到大伙计叫唤，才慌里慌张地持茶壶为客人倒茶，结果不小心把水洒到茶客的裤脚上。

李嘉诚吓坏了，木桩似的站在那里，一脸煞白，忘了向这位茶客赔礼谢罪。茶客是茶楼的衣食父母，是堂馆侍候的大爷，若是挑剔点的茶客，必会甩跑堂的耳光。

李嘉诚进茶楼是顶一个小伙计的空缺。该小伙计犯的是李嘉诚同样的过失。该小伙计倒霉，那茶客是“三合会白纸扇”（黑社会师爷）。老板不敢得罪这位“大煞”，逼小伙计下跪请罪，然后当即责令他滚蛋。

李嘉诚深知不妙。这时，老板跑了过来，正待斥责李嘉诚，不料那茶客却为李嘉诚开脱说：“不怪他，是我不小心碰了他。”

茶客走后，老板对李嘉诚说：“我知道是你把水淋了客人的裤脚。以后做事千万得小心，万一有什么错失，要赶快向客人赔礼，说不定就能大事化小。这客人心善，若是恶点，不知会闹成什么样子。开茶楼，老板伙计都难做。”

母亲知道后，说：“菩萨保佑，客人和老板都是好人。”她又告诫儿子，“种瓜得瓜，种豆得豆”，“积善必有善报，作恶必有恶报”。

李嘉诚后来再也没见过那位好心的茶客。他成巨富后对友人说：“这虽然是件小事，在我看来却是大事。如果我还能找到那位客人，一定要让他安度晚年，以报他的大恩大德。”

知恩图报，以善从商，是李嘉诚商业生涯的准则。即使后来在股市上要风得风，要雨得雨，李嘉诚始终恪守善意收购的原则。他总会将刀光剑影化作和风春雨，皆大欢喜。以至于有人戏称，要挫败李嘉诚的收购计划很简单，只要说一声“我不愿意”，李嘉诚绝对不会恶意收购的。

此外，李嘉诚一生所做的慈善义行不胜枚举。善心佛性为李嘉诚树立了良好的形象，生意滚滚而来。正如他自己说，善是财源，善是财路。

法则 49：勿吃独食，分享共赢才会成功

在人与人的交往中，支付的前提是为了获取，或者说，支付是“虚”，索取是“实”。人际交往当中，确实存在着一种交换关系，体现在个体心理体验上，便是一种“和气互酬，你好我也好”的感觉。“有来无往非礼也”，“你敬我一尺，我敬你一丈”，这种心理体验，任何人都有所体会。

万事还是以和为贵。要想打通你的人脉通道，最简单的方法就是给对方一些甜头，送一些礼物什么的，不仅能拉近彼此的距离，而且也可以互惠互利。人与人之间需要交往，尽管每个人具体的交往动机各不相同，但最基本的动机就是为了从交往对象那里满足自己的某些需求。实际上，人际交往中的互惠互利也是合乎我们社会的道德规范的。

互利互惠即互酬互助，指人们在交往中互相考虑对方的价值和利益，满足对方的心理需要，使彼此都能从交往中得到精神的满足和相互的帮助。人际交往中的互利，是互助而不是交易，是一种“只有助人，才有人助”的生活哲理，是“施恩不图报”与“好心得好报”的辩证统一。交往中，双方都应有所“施”，才会有所“受”。

随着社会的不断发展，人类社会在经历了两次世界大战、经济高速增长、科技进步、全球一体化之后，吃独食的观念正被“双赢”局面所取代。人们开始认识到不再只有胜与败的结局，不再是几家欢乐几家忧，取而代之的是通过有效的合作，出现皆大欢喜的双赢局面。

市场经济是竞争经济也是协作经济，是社会化专业协作的大生产。因此，在市场经济条件下，竞争与协作不可分割地联系在一起。只有保证合作的双方都能从合作中获得利润，合作才能进行下去。如果只有一方得到利润，那么合作肯定就会立刻中止。只有双赢，你才能获得商业上的合作伙伴。

美国犹太银行雷曼兄弟公司，是一家历史悠久的老字号，年利润曾高达3 500万美元，而其创造人却是一个牛贩子的儿子。

亨利·雷曼是从欧洲到美国来的雷曼家族的第一代。他在美国南方做了一段时间的生意之后，跟他的两个弟弟伊曼纽尔和迈那一起在亚拉巴马的蒙哥马利定居了下来，当上了杂货店的老板。

他们发现该地区是一个产棉区，农民手里多的是棉花，但却没有现钱去买日用杂货。于是他们就想出了用杂货去交换棉花的方式，结果双方都皆大欢喜，农民得到了需要的商品，他们也卖掉了杂货。

这种方式不仅吸引了所有没有钱买日用品的农民，扩大了销售，而且还有利于雷曼兄弟降低棉花价格，提高日用品的价格。到了杂货店进货的时候，他们就顺便把棉花捎去卖掉，避免了单向进货，省下了一笔运输费。

没过多久，雷曼兄弟便由杂货店小老板发展成为经营大宗棉花生意的商人，棉花典当成了他们的主要业务。美国南北战争期间，雷曼家族就在欧洲大陆推销棉花。战后，他们在纽约开办了一个事务所，并于1887年在纽约交易所中取得了一个席位，成为一个“果菜类农产品、棉花、油料代办商”，从此走上了规模化发展的道路。

虽然雷曼兄弟公司因为2008年美国次贷危机而倒闭，但从它早期成功的经历我们可以看出，雷曼正是因为给别人提供了方便，自己才获得了更多的经济利益。这就是双赢的益处。

如果靠自己的力量难以实现梦想，就不妨大胆迈出合作的步伐。无论竞争还是合作，都是为了利润；竞争中的合作，是为了双赢。

双赢的智慧来源于宽阔的胸怀和长远的眼光。设立在北京的微软公司和汉王科技公司只有一墙之隔。他们在软件领域都有自己的核心技术，他们的人机智能交互技术产品，在同一个市场中竞争激烈。但是这两家公司在竞争的同时又有着合作，微软的产品中有汉王的技术，汉王也在竞争与合作中得到发展。

人为什么需要与人交往呢？尽管每个人具体的交往动机各不相同，但最基本的动机就是为了从交往对象那里满足自己的某些需求。实际上，人际交往中的互惠互利也是合乎我们社会的道德规范的。在人际交往中，我们要注意互相尊重，彼此理解，并且要达到互惠互利。只有双赢，才是硬道理！

法则50：抓住他人软肋，玩转利益王牌

市场上的商机有很多，有些人和企业非常善于抓住商机，并且善于找出被竞争对手忽略的盲点，从而取得意想不到的结果。善于捕捉竞争对手在竞争对决中的盲点，抓住对手的“软肋”，胜券自然在握。

在地球上，一切生灵之中，人类不是强者，却常是胜者。论奔跑，人不如虎豹；论攀缘，人不如猴猿；论潜水，人不如鱼龟，但若论“三项全能”，人又是最终获选的胜者。当你注目于一块700万年前的非洲古人类化石，回溯它的来路去影，一定也会感慨人类成就“万物之灵”美名背后的血雨腥风。人类自身的进化与斗争史似乎告诉我们，这世界从来都不存在大者恒大、强者恒强的定律，相对优势一样可以改变命运，而你要做的，就是发现“对手的软肋”。下面就是一个例子。

精明的日本人善于避实击虚。日本精工集团在与瑞士某名表的竞争中屡处下风，遂将目标转向石英表以期突破。石英表的运行机理是在石英上通入电流，使其发生伸缩性规律振动，然后将此振动以电气的方法连接马达来划出时间。从振动的精确性来说，机械表根本无法与石英表相比。只要拥有耐震的能力，石英表计时并不受温度等变化的影响，能达到十分精确的程度。

当精工表在1968年参加纽沙贴夫天文台的钟表比赛时，十五块精工牌石英表的参赛成绩令考评者哑口无言：瑞士表都排在了日本精工表的名次之后。这恰如当头挨了一闷棍，瑞士人久久无

法回过神来。在沉重打击下，瑞士厂商忧心忡忡，坐立不安，直到第二年才把得分表寄往日本，同时不公开名次，并宣布从此停办纽沙贴夫天文台的钟表竞赛。这意味着有着百年辉煌历史的瑞士钟表黄金时代已宣告结束。

纽沙贴夫天文台“比武”的失败，使瑞士人丢尽了面子。为了雪耻，为了有朝一日能夺回失去的自信和荣誉，瑞士人一味追求机械钟表的极致和高精确度，而忽视了竞赛钟表耐性差、成本高等难以商品化的缺点，他们刚从惨败中逃出，却又步入了误区。日本精工集团则恰好相反，他们没有居功自傲，而是迅速转移思路，准备将竞赛的成绩转化为生产力，做出了将石英表商品化的战略决策。这样，大赛中获得的知名度又为产品大规模生产和走向市场鸣锣开道了。

日本精工集团规定了明确的目标：“生产大众化、小型化的石英表”。1967年，在日本东京举办的新产品发布会上，展出了外表直径30毫米、厚35毫米的石英表——精工35SQ。这在当时是件重大的事情，整个钟表业界为之震动。其实瑞士的钟表中心CEH开发石英钟表比日本早，但到了1968年才开始出售产品，迟到了半年。而此时精工表已经在市场上站稳了脚跟，瑞士钟表厂家又失去了一次扼杀精工表的机会。

不久，“石英10年黄金时代”到来了。这10年间，石英技术发展至一个极限，精工超薄石英表9320A独领风骚，厚度仅有0.09毫米，比钱币还薄。特殊高性能的水银电池只有0.095毫米，只超过驱动器0.05毫米，使石英表薄形化取得了飞跃发展。精工集团领导阶层的决策是英明果断的，石英表终于成为钟表业的主流，高质量的精工表在市场上所向披靡，盛销不衰。此后，精工集团进入了鼎盛时期，一鼓作气，乘胜开拓，在国际市场上势不可挡。

企业虽有强弱之分、大小之别，但任何企业总会有其优势和劣势。因此，要在竞争中击中对手短处，就要扬长避短，以己之长克人之短，既发挥自己的优势，又利用竞争对手的劣势痛击其虚处。只有这样，才能达到以弱胜强、以小胜大的目的。

因此，要在竞争中处于不败之地，就要扬长避短，发挥自己的优势。只有这样，才能达到以弱胜强、以小胜大的目的。

在商战中，我们不仅要知道自己的长处，利用我们的长处，还要清楚我们的短处，不要让对手钻了漏洞，只有前后兼顾，我们才能立于不败之地。

作为一个公司或者企业，要想发展，就必须保证优势产业，保证有足够的资金扩大再生产。同时我们也要看到对方的弱点，出其不意，从而达到制胜的目的。

法则51：投其所好，搞定生意先搞定人

要想通融事，必先通融人。不先把人搞定，就无法把事搞定。而搞定人的方法有很多，“投其所好”便是最有效的方法之一。俗话说：“不怕对方不上套，就怕对方没爱好。”

世上所有的事情都是由人办的。所以，与其苦心孤诣地琢

磨事，不如尽心竭虑地琢磨人。把人搞明白了，事情也就搞清楚了，把人搞定了，事情也就搞定了。

战国时的张仪，学了一套“纵横术”，带了几个乡人到楚国去求富贵。但事与愿违，在楚国穷困得无以聊生，生活异常拮据，同去的人挨不下去了，便怨气冲天，都嚷着要回家去。

张仪说：“你们是不是因为穷了，享受不到什么快乐就要回去呢？这样吧，再挨几天，不是我夸口，只要见到楚王之后，我保管大家吃喝不愁，否则的话，你们可敲碎我张仪的门牙！”

那时候，楚王正宠爱着两个美人，一个是南后，一个是郑袖。

张仪那天见到了楚王，楚王十分不高兴。张仪就说：“我到这里很久了，大王还不给我一点事做。如果大王真的不想用我的话，请准我离开这里，去晋国跑一趟，到那边碰一碰运气！”

“好吧，你只管去吧！”楚王巴不得他赶快离开，便一口答应。

“当然，不管那边有没有机会，我还是要回来一次的。”张仪说，“但请问大王，需要从晋国带些什么吗？譬如那边的土特产，您若喜欢，我可顺便带一些回来。”

楚王冷冷地扫了他一眼，淡淡地说：“金银珠宝、象牙犀角，本国多的是，对于晋国的东西，没什么可稀罕的。”

“大王就不喜欢那边的美女吗？”这句话像电流一样击中了楚王，他眼睛一亮，连忙问：“什么？你说的是什么？”

“我说的是晋国的美女。”张仪一本正经地说，还做起手势向楚王解释，“那真是妙呀！漂亮极了！晋国的女人，哪一个不似仙女一样？粉红的脸颊，雪白的肌肤，头发黑得发亮，走起路来如风吹杨柳，说话娇娇滴滴，简直比银铃还清脆。正所谓比花花枯谢，对月月无光，云鬓压衡岳，裙带系湘江……”

这席话引得楚王的眼珠一直跟着张仪的手势转，连嘴巴也合不上。“对！对！对！本国是一个荒僻地区，我从未见过晋国的那些小娃儿，你不说，我倒忘了，那你就给我去办，多带些名贵的土特产回来吧！”

“不过，大王，没货款办事可就难了。”

“那还用说，货款是少不了的。”楚王立即给了张仪很多银子，让他尽快去办。

张仪领到银子后，又故意把这消息传开，直传到南后和郑袖的耳朵里。两个人一听，大为恐慌，连忙派人去向张仪疏通，告诉他说：“我们听说张先生奉楚王之命到晋国去买土特产，特地送上盘缠，给先生做个路费！”因此，张仪又刮了一把。

张仪要去晋国了，他在向楚王辞行时，装出依依不舍的样子，说：“我这一次到晋国去，路途远，交通不便，不知哪一天可以回来，请大王赐我几杯酒，给我壮壮胆吧。”

“行，行！”楚王客气地叫人赐酒给张仪壮胆。

张仪饮了几杯，脸红起来，又装模作样地拜请楚王，说：“这里没有别的人，敢请大王特别开恩，叫最信得过的人出来，亲手再赐我几杯，给我更大的鼓励和勇气。”

“可以，不成问题，只要你能早日完成你的使命！”

楚王看在“土特产”份上，特意把最宠爱的南后和郑袖请了出来，轮流给张仪敬酒。

张仪一见二人，连酒都不敢饮了，“扑通”一声跪在楚王面前，说：“请大王把我杀了吧，我欺骗大王了。”

“为什么？”楚王惊讶不已。

张仪说：“我走遍天下，从未见到有哪个女子长得比大王这两位贵妃漂亮的。过去我对大王说过要去找‘土特产’，那是没有见过贵妃之故，现在见了，觉得把大王给欺骗了，罪该万死！”

楚王松了口气，对张仪说：“我以为是什么呢，那你不必起程了，也不必介意。我明白，天下就根本没有谁会比得上我的爱妃，是不是？”又连忙向左右两个贵妃献殷勤，做了个怪样。

南后和郑袖同时眨两下眼、嘴角一撇：“嗯！”

从此，楚王改变了对张仪的态度，张仪也落得个岁岁平安。

在这个故事里，我们可以看到楚王的弱点就是爱女色，而南后和郑袖的弱点则是害怕有人夺去她们的地位。张仪正是抓住这些人的弱点，从他们身上赚取了许多银两。当然，张仪日后的发达比这个要大得多，这只是张仪小试了一把。但这个故事给了我们很大启迪，那就是不一定非要认识有权势的人才能办好事，只要稍微动点脑筋，照样可以把难办的事情办好，关键在于你是否能够投其所好，诱使对方心动，并让对方认可，这样才能很轻松地求得有权势的人帮你把事情办好。

法则52：有些话你别当真，商务场合有禁戒

有的人性情耿直、心地善良却因过于耿直而得罪人。人浮于事，不能随心所欲，不顾他人的感受，想说什么就说什么，想做什么就做什么。要想拥有一个和谐融洽的人际关系，在社交场合如鱼得水，就必须戒除以下几点：

1.没有诚信，谎言百出

生活中我们总是喜欢真诚信得过的人，讨厌说谎不老实的人。一个诚实的人，不论有多少缺点，与他交往都会感到安全。这是因为，以诚待人，别人也会以诚相待。一个人只要真诚地待人做事，就容易获得他人的合作。与人交往没有比取信于人更为重要的了。失信于人，将付出大代价。诚信是一种“长期投资”。唯有长期遵守诚信的原则，才能建立和维护你的信誉和品牌；唯有维护了你的信誉和品牌，才能得到可持续的成功。

2.分析力差，把场面话当真

在社交场合，你要学会说点场面话，给别人一点甜头。场面话能够给人以宽慰，有让人如沐春风的效果，并由此沟通感情、联络友谊，促使人际交往以达到水乳交融的境界。但不能因别人的几句场面话而“陶醉”其中，要知道，轻信他人之言有时不是一种善良，而是愚钝的表现。对待场面话的态度应该是：不能不信，也不能全信。比如，有人在某些特定的场合、特定的际遇下对你说的一些场面话，以应一时之景，那么你要注意别把这种场面话当真。

3. 过于直白，毫无城府

大多数人也乐于和单纯的人交往，因为心里会觉得比较踏实。然而，社会是复杂的，人性是多变的，如果性格过于单纯，缺少心计，会对自己不利。要想做一个"深沉"的生意人，首先要改变心态，增强对事件的理解力和领悟力。面对同一个问题，成熟的人的看法是理智的，而不是仅仅停留在事物的表面。真正的"深沉"是一种能够感觉到的力量，这种力量使人坚强，使人在困难面前不退缩，在成功面前不自满，在失败面前不自卑。这种力量影响着你，也影响着你的周围。

4. 没有原则，做烂好人

有些生意人在社交圈常犯的一个错误就是力求在别人眼里做到尽善尽美。大忙小忙都帮，大事小事都揽，大活小活都干，这样的人以为自己全心全意为对方做事一定会博得对方的赞赏，使彼此的关系更融洽，事实上并不是这样。

善为事者，时时心中有数，绝不在没有算计的情况下，随意出手，否则就叫乱出手。时刻注意和自身利益相统一的原则界线，绝不过度，绝不使事情发展到反面。唯有在纷繁复杂的世界面前，清楚地知道应该做的事和不应该做的事，并相应地调整自己的行为，方为智者。

5. 太过招摇，不肯吃亏

与人交往的过程中，有的人不肯吃亏，吃不得亏，一旦发觉自己吃了亏立刻大动干戈，这是不明智的。如果以这样的态度与人交往，恐怕用不了多久你的朋友们就会远离你。

在表面上看，吃亏确实是一种损失，不过有失必有得，有时候你的“小失”却能换来“大得”。坦然地面对吃亏，因为它有可能就是一把成功的钥匙。

有时候一点点额外的付出，既赢得他人的感激，也赢来他人的信任。吃亏不是普通意义上的利益损失，更多地表现为一种气度，一种给予。这种面对利益得失的淡泊和审时度势的气魄才是大将的风范。所以说，吃亏是福也应作为每个人所必备的社交智慧和法则。

6. 别人失意，你得意

与人相处要切记：不要在失意者面前谈论你的得意。如果你正生意兴隆，颇感得意，要你不谈论的确不容易，哪一个意气风发的人不是如此？所以这也没什么好责怪的。

但是谈论你的得意要看准场合和对象，你可以在演说的公开场合谈，对你的员工谈，享受他们投给你的钦羡眼光；也可以和其他得意的人谈，你们共同享受着心情的愉悦、人生的快乐。但是千万不要对失意的人谈，因为失意的人此时最脆弱，也最多疑，你的谈论在他听来都充满了讽刺与嘲弄的味道，这可能会让失意的人感受到你“看不起”他。

所以，不要在失意的人面前谈论你的得意，一方面是从道德上考虑，另一方面是从人际关系上考虑。当然，如果你不知道对方正处于失意则另当别论。

法则 53：成交并不难，先攻破他的心理防线

有的人以“不求人”来标榜自己的清高，其实这恰恰反映了他的狭隘和局限；有的人把“求人”看成是一种很低贱的行为，其实这恰恰反映了他对人际关系认识的肤浅和偏颇。从终极意义上来讲“求人不如求己”，可是在具体的事情上，事事不求人是不可能的，因为个人的能力、资源、视野都是有限的，你必须通过请求别人的帮助、引荐、指导才有可能走向成功。但是除了自己的父母和至爱亲朋，世界上没有任何人有义务必须帮助你，因此，求人就是一门重要的学问。

那么，如何能在求人的过程中顺利达到目的呢？首先要攻破对方的心理防线。在我们求别人办事时最大的一个难题就是如何攻克对方的心理防线，消除对方对你的戒备心理。具体说来，有以下几种方法：

1. 利用同步心理

什么是同步心理呢？凡事想跟他人同步调、同节奏，也就是“追随潮流主义”，是那种想过大多数人向往的生活、不愿落于潮流之后的心理。正是由于这种心理的存在，那种不顾自身财力、精力而豁出去做的念头，就很容易乘虚而入，支配人们的行为，导致人们盲目做出与他人相同的举动。

通常人们在受到这类刺激后就很容易变得没主见，掉入盲目附和的陷阱中。所以推销员或店员经常会搬出“大家都在用”或“有名的人也都用”等推销话语，促使人们毫不犹豫地接受。

2. 利用逆反心理

当别人告诉你“不准看”时，你就偏偏要看，这就是一种“逆反心理”。这种欲望被禁止的程度愈强烈，它所产生的抗拒心理也就愈大。

所以如果能善于利用这种心理倾向，就可以将顽固的反对者软化，使其固执的态度做180° 的大转变。

如果在说服对方的时候，劈头就说“你这样做不对”，对方一定会反感。但如果采取让步的姿态说“也许我也有错”时，对方的“逆反心理”也许就会产生作用，他会说：“不，没那回事，其实我也有错。”如果说“你确实是不对的”这样的话，通常会使对方产生一种潜在的反感心理，而当对方有了这种心理时，就只能放弃求他的念头了。

富兰克林曾在自传中提到有关利用“逆反心理”的论述，也就是“在求助于别人时，首先必须非常稳重地叙述自己的意见，然后附带地说：‘这只是我的观念，也许是有错的。’如此一来，对方就会视你的意见为自己的意见，甚至当你表现出犹豫不决时，他还会反过来说服你。”

3. 利用对方的危机感

在一定的条件下，每个人都会产生某种危机感，这种意识使人心生恐惧，并由此激发出强烈的要求上进的愿望。如果你能把握住人的这种危机感，就能有针对性地采用相应的对策。

以下是一个希望儿子考上大学的母亲，为了改变儿子吊儿郎当的态度而与他进行的对话：

“小虎呀，高考迫在眉睫了，你非加紧用功不行！你看看你，整天只知道弹吉他，这样下去不行啊。唉，真不知道你心里是怎么想的！”

“哼，怎么想？我觉得读不读大学都无所谓。那些书呆子们拼了命考上一流大学，进了大企业，结果又怎样？像爸爸，在公司做了那么久，还不是一遇裁员就立刻失业啦！”

“话不能那么说呀！虽然爸爸今天是被裁员了，可是这许多年来我们家的生活水准不都是在中等之上吗？你想要的东西有哪一样没买给你？这些都是你爸爸的功劳，全都因为他上过一流大学，进了大企业呀！你想想看，要不是你爸爸，我们家会变成什么样子呢？根本就不可能像现在日子过得这么舒服！”

“知道啦！可是我喜欢音乐，想试一试自己究竟能不能靠它闯出一条路来，就算不成功我也不会后悔的。”

“音乐？我知道你喜欢音乐，但只能把它当作一种爱好。因为要想成为音乐家是要有特殊天赋的。你确定自己有天赋吗？就算你有天赋，还得加上不断的训练呢！而且你能玩上十年的音乐吗？能吗？”

“说得也是……但我还是想试试。”

“喜欢归喜欢，放弃考大学而搞音乐，毕竟太冒险了！”

“嗯，知道了。”

这位母亲的说服相当成功。她巧妙地利用了儿子对于放弃大学而专搞音乐的潜在不安全感，让他明确感受到危机所在。

在与人交流中如果你能洞悉他的内心，巧妙地刺激对方的隐衷，使他内心的想法完全暴露出来，就能找到他的危机感。这个危机感就是你说服他的一把利器。

法则54：礼轻情更重，把礼送到他的心坎上

国人送礼，最讲究面子，似乎只有礼物值钱，才能体现出主人的情意。奇怪的是最讲究传统的国人，似乎忘了“礼轻情义重”这句传统的教诲。往往一味与他人比，似乎越贵重的礼物越好，甚至有人信奉“办多大的事，送多重的礼”这样的原则。实际上送礼不一定要这样，不必因为办一件难办的事情而倾家荡产。善于送礼的高手，所挑选的礼物，总是经过细心的选择，同时把真情包装在礼物之中，因其独特的风格和浓浓的情义，使人觉得于情于理，实在是无法拒绝。

英国女王伊丽莎白访问日本时，有一项访问NHK广播电台的安排。当时NHK派出的接待人，是该公司的常务董事野村中夫。野村接到这个重大任务后，便调查有关女王的一切资料，加以详细研究，以便在初次见面时能引起女王的注意而给女王留下深刻的印象。

他绞尽脑汁，也没有想到好主意，偶然间，他发现女王的爱犬是一种长毛狗，于是灵感随之而来。他跑到服装店特制了一条绣有女王爱犬图样的领带。在迎接女王那天，他打上了这条领带。果然，女王一眼便注意到了这条领带，微笑着走过来和他握手。

野村送出的礼物是无形的，“礼”轻得非同寻常，却使女王体会到了他的一片用心，感受到了他的情意，因此可谓是地道的“礼轻情义重”了。

西方人送礼，往往是一束鲜花、一本书、一篮水果。礼物虽小却成敬意。在这一点上，我们要好好学习外国人的送礼艺术。

送礼，本身就是一种礼貌、尊重、感谢的表示，它本来要求是“礼轻情义重”。礼物应是小巧玲珑，不必价值过高，又不是给对方的物质援助或经济补贴。

人们通常出于面子的需要，觉得一件小东西拿不出手，要送，就得送货真价实的大礼。要送水果就称它10斤，要送香烟就送上两条进口的（更有甚者，黄金首饰、家用电器都敢送），钱虽然花了不少，但效果却未必好。特别是第一次见面，你一下子提了那么多的礼物，人家还可能认为你有什么不可告人的目的呢！谁还敢收？如果主人不肯收，你的处境就尴尬了，提走不是，不提走也不是。于是你推我让，最后，难下台的还是你。

如果取消“经济价值”的标准，那么什么是合适的送礼标准呢？当然应是令对方高兴的，而价钱高低不应作为衡量的标准。

前些年一些农村朋友，到城里串门总是带些自家产的西红柿、黄瓜、小米、绿豆等，因为城里缺，或者说不如他送的新鲜，因此主人总是很高兴地收下这些礼物。

你愿做个聪明人吗？那么送礼时就不要只考虑到面子，仅斟酌掏多少票子出来，还是要记住“礼轻情义重”这句古训，以能使对方高兴作为送礼的最高标准。

有一年，一位在哈佛大学任教的医生到台湾南部极偏远的山区去行医，他医好了一个穷苦的山里人，没有向他收取一分钱的报酬。

那个山里人回家以后，砍了一捆柴，走了三天的路到城里，把那一捆柴放在医生的脚下，可是他不知道现代的生活里，几乎已经没有“烧柴”这个概念了，几乎所有的人都认为他和他的辛苦只是白费。

但事实却不然，在爱的世界里没有什么是徒劳的。那位医生后来向人复述这个故事时总是说：“在我的行医生涯里，从来没有收过这样贵重的礼物。”

一捆柴，只是一捆荒山中枯去的老枝，对于大多数人来说，都是这样认为的。但对于这个山里人来说，却包含了他的全部。其中所深含的情意，使它成为记忆中不朽的财富，这才是送礼的真正艺术。

法则55：即使攀高结贵，仍要不卑不亢

人的学识、修养、经历、地位不同，因而有平常与尊贵之分。这是人际关系的层次差别，也是一种自然秩序。尊贵者是相对的概念，每个人都是尊贵者，同时又有自己的遵从对象。交往对象不同，人们的位置会随之发生变化。尊贵者虽然与别人不属于同一交往类别，有着一定的沟通障碍，但人们却可以打破障碍

与之正常交往，甚至发展友情。那么怎样与尊贵者发展友情呢？

1. 尊重对方，严谨有致

与尊贵者发展友情，首先要准确地把握双方关系，给其以相应位置，充分表现出对他的尊重和恭敬。这是对双方关系的确认和定位，也是对对方的一种希望被尊重愿望的满足，必须严谨有致，不可苟且。

小许很得一位教委领导的赏识。这位领导是老师出身，人也很平易近人。他与小许并未谋面，但他赞赏小许的才华，便约请小许与他聊聊。小许在领导面前并没有得意忘形，忘乎所以，言谈举止，都严谨得宜，很有分寸，注重距离。领导虽性情开朗，多次表示要小许随意些，但还是对小许的举动发自内心地高兴，他觉得自己没有看错人。就这样，小许与那位领导逐步建立了很深的友情。

2. 切忌奉承，不卑不亢

尊重是有原则、见真情的。如果不顾原则，另有目的，人格沦丧，不知廉耻，对尊贵者就会表现出阿谀奉承来。这表面上似乎是尊重对方，其实它与尊重是有着本质的不同的。阿谀奉承，虚情假意，夸大其词，别有用心，只能让尊贵者反感、厌恶直至痛恨。本来可以建立友情，但因双方失去真情而无法发展下去。当然也不能排除个别尊贵者好大喜功，乐于听奉承话、看媚态，但这样的尊贵者你还有必要与他发展友情吗？

3. 态度自然，不必拘谨

尊贵者无论地位，还是阅历、学识，都要高人一筹。与他们交往，往往会令你肃然起敬，有时你还会有一种压迫感而在尊贵者面前噤若寒蝉。你作为一个平常人，尤其是未见过世面的青年人，在这种情势下往往会显得动作走形，言语嗫嚅，特别别扭、生硬。其实尊贵者也是人们平等的交际对象，也会拥有一种自然的交往关系，人们一方面要尊重对方，另一方面也要立足于自己，守住分寸，保持本色，自然而正常地交往，不必拘谨。如果你能做到这一点，这反倒能显示出你的交际魅力，赢得对方的认可和尊重，尊贵者还会乐于与你发展友情。

4. 巧妙配合，不可狂妄

从交往的过程来说，尊贵者是交际的主角，而你则是配角，处于次要地位。这是交际现状，也是交际规律，是由彼此交往的身份和交际能量决定的。你要积极支持尊贵者，热情配合对方，鞍前马后，服从需要，听候调遣。这是合乎交际现实的，不仅不会损害自己的“身价”，而且会使你取得尊贵者的信任。而如不能摆正这层关系，不恰当地显示自己的能耐，卖弄自己的“才华”，以至背弃、排挤尊贵者，这往往会适得其反。

5. 主动真诚，做出姿态

尊贵者的行为是要与自己的身份、地位保持一致的。他们一般不会主动与他人交往，而作为平常人，自然要主动积极，充满真诚，先迈出一步，做出友好的姿态，这是尊敬长者的美德，也是交际的惯例。

6. 求助求教，接受呵护

尊贵者是力量的象征，在他面前，别人总是显得很弱小稚嫩，所以要接受并求得呵护。这一则是你与尊贵者交往所寻求和迫切需要得到的东西，二则作为尊贵者，他也会从中获得施予和扶持之乐，是一种自我价值的实现。寻找呵护一要尊重尊贵者的意愿，二要适度得宜，不可仰仗、依附于尊贵者。这包括恰当地求助及一定程度上的求教。这会获得尊贵者的认可，并获取他的友情。

法则 56：拜访接待不可少，有礼有节是关键

在日常商务中，免不了日常接待的迎来送往。这既是一种商务礼节，也是一种商务应酬。因此，待人接物是否得体将直接影响着对方对你的印象，甚至影响到将来是否能继续交往、达成合作。

1. 拜访礼仪

拜访前应事先和被访对象约定，以免扑空或扰乱主人的计划。拜访时要准时赴约。拜访时间长短应根据拜访目的和主人意愿而定。一般而言，时间宜短不宜长。

到达被访人所在地时，一定要用手轻轻敲门，进屋后应待主人安排指点后坐下。后来的客人到达时，先到的客人应该站起来，等待介绍。

拜访时应彬彬有礼，注意一般交往细节。告辞时要同主人和其他客人一一告别，说“再见”“谢谢”；主人相送时，应说

“请回”“留步”“再见”。

2. 接待礼仪

接待人员要品貌端正，举止大方，口齿清楚，具有一定的文化素养，受过专门的礼仪、形体、语言、服饰等方面的训练。

接待人员服饰要整洁、端庄、得体、高雅；女性应避免佩戴过于夸张或有碍工作的饰物，化妆应尽量淡雅。

如果来访者是预先约定好的重要客人，则应根据来访者的地位、身份等确定相应的接待规格和程序。在办公室接待一般的来访者，谈话时应注意少说多听，最好不要隔着办公桌与来人说话。对来访者反映的问题，应做简短的记录。

3. 迎宾礼仪

迎来送往，是社会交往接待活动中最基本的形式和重要环节，是表达主人情谊、体现礼貌素养的重要方面。尤其是迎接，是给客人良好第一印象的最重要工作。给对方留下好的第一印象，就为下一步深入接触打下了基础。迎接客人要有周密的部署，应注意以下事项。

（1）对前来访问、洽谈业务、参加会议的外国和外地客人，应首先了解对方到达的车次、航班，安排与客人身份、职务相当的人员前去迎接。若因某种原因，相应身份的主人不能前往，前去迎接的主人应向客人做出礼貌的解释。

（2）主人到车站、机场去迎接客人，应提前到达，恭候客人的到来，决不能迟到让客人久等。客人看到有人来迎接，内心必定感到非常高兴；若迎接来迟，必定会给客人心里留下阴影，事后无论怎样解释，都无法消除这种失职和不守信誉的印象。

（3）接到客人后，应首先问候“一路辛苦了”“欢迎您来到我们这个美丽的城市”“欢迎您来到我们公司”等。然后，向对方作自我介绍，如果有名片，可送予对方。

（4）迎接客人应提前为客人准备好交通工具，不要等到客人到了才匆匆忙忙准备交通工具，那样会因让客人久等而误事。

（5）主人应提前为客人准备好住宿，帮客人办理好一切手续并将客人领进房间，同时向客人介绍住处的服务、设施，将活动的计划、日程安排交给客人，并把准备好的地图或旅游图、名胜古迹等介绍材料送给客人。

（6）将客人送到住地后，主人不要立即离去，应陪客人稍作停留，热情交谈。谈话内容要让客人感到满意，比如客人参与活动的背景材料、当地风土人情、有特点的自然景观、特产、物价等。考虑到客人一路旅途劳累，主人不宜久留，让客人早些休息。分手时将下次联系的时间、地点、方式等告诉客人。

4.迎宾的仪式

迎宾所指的是在人际交往中，在有约在先的情况下，由主人一方出专人，前往来访者知晓的某一处所，恭候对方的到来。在一般情况下，迎宾仪式包括如下内容。

一是宾主双方热情见面。

二是向来宾献花。献花者通常应为女青年或少先队员。若来宾不止一人，可向每位来宾逐一献花，也可以只向主宾或主宾夫妇献花。向主宾夫妇献花时，可先献花给女主宾，也可以同时向男女主宾献花。

三是宾主双方其他人员见面。依照惯例，应当首先由主人陪同主宾来到东道主方面的主要迎宾人员面前，按其职位的高低，由高而低，一一将其介绍给主宾。随后，再由主宾陪同主人行至主要来访人员的队列前，按其职位的高低，由高而低，一一将其介绍给主人。

四是主人陪同来宾与欢迎队伍见面。

此外，在迎宾工作中，要进行必要的先期准备，以求有备而行，有备无患。这就要求掌握对方的基本状况，必要时制定具体计划。在迎宾之时向来宾施礼、致意，最重要的要做到下列四点：一是与来宾热情握手；二是同来宾主动寒暄；三是对来宾有问必答；四是为来宾服务周到。接到来宾后，在步出迎接地点时，迎宾人员应主动为来宾提行李。不过，对于来宾手中的外套、提包或是密码箱，则没有必要为之“代劳”。

第七章

酒桌上的生意经：

礼仪能为你赢得百万订单

你的礼仪决定你的形象，你的形象决定你的价值。商务形象不是指商务人员本身，而是对方对商务人员的感知，不同的人对同一位商务人员的感知不同，进而形成不同的印象。而商务应酬中，一个人的形象直接影响到对方对你的看法，甚至影响到交易的成败。毫不夸张地说，你的形象就能为你赢得百万订单。

法则57：酒场交对朋友，天下没有难做的生意

酒场是生意人把客户变成朋友的重要场所。俗话说“无酒不成宴”，对于生意人来说，交际应酬自然少不了饭局和酒场。许多人都是在酒桌上交成朋友的。

有道是“无宴不言商”，许多生意在酒桌上的成功率要远远高于在办公室。酒桌上会大大缩短人与人之间的距离。谈起喝酒，几乎所有的人都有过切身体会，并不是能喝和敢喝就能交上朋友。所以，掌握酒桌上的应酬法则，是很有必要的。

1. 相互应酬要积极

想要拓展朋友网，积极地接受朋友的邀请是会有很多益处的。在宴请的酒席上，或许有机会见到对方的许多朋友，对方的朋友就很可能在喝酒的过程中成为自己的好朋友。

“怎么样，今晚去喝几杯？”当朋友打电话过来邀请时，即使你已喝得根本不想再喝了，也应该愉快地应邀。只要没特殊的情况，就应该回答对方：“没问题，我一定去！”你行动的快慢可以把自己的诚意传达给朋友。

当朋友邀请你去他家做客的时候，接受邀请的同时要问清对方什么时候去合适，然后按时赴约。当朋友对你说：“这几天来家里玩吧，请你吃饭，怎么样？”你应该确定一下时间：“下周日去打扰如何？合适吗？”然后在约定的这天去拜访并表现出由

衷的高兴，那么对方一定会感到你是从心底里信任他的。

其实社交成功与否往往在你的一念之间，懂得了应邀的奥妙，你和朋友的关系就会非常顺利地向前发展，你们甚至会成为一生中难得的知心朋友。无论哪一种交际，相互邀请是一项基本原则。

2. 请人吃饭有原则

恰当的邀请可以为交际的顺利和成功提供条件，为此，你在请朋友吃饭时，应该做到以下三个方面：

一是选择合适的对象。

确定邀请对象是邀请首先应该解决的问题。而邀请对象的选择，必须根据交际的目的而定。就一般情况而言，下棋应请棋友，跳舞要请舞友，打球当请球友，乔迁、喜丧则请亲朋故旧，开业剪彩就该请有利于工作开展、业务往来，便于协调社区关系及从事新闻传播方面工作的客人……

邀请的对象自然是能给你带来帮助的人，但有时也需要一些其他朋友作陪。如果遇到这种情况，就应当精心安排：根据交际的性质、需要及宴会规模的大小等，遵循先主要后次要、先亲近后疏远的原则，来划定邀请范围，依次确定邀请名单。

此外，还要适当考虑邀请对象的学识、年龄、地位、性格的差异和他们相互间的关系等，以防破坏邀请对象间的关系和谐，给你的交际带来不必要的麻烦。

二是采取恰当的方式。

采取何种方式邀请，要根据交际的性质、对象而定。学者、专家、老板等，大多工作忙、时间紧，对他们最好提前相约，以便他们做好工作调整、时间安排；闲暇时间多、工作容易调度的人早点约定自然更好，而即使临时邀请，一般也能随请随到；对某团体的要人，公开邀请，甚至借助传播媒介，就既能体现公正无私，光明磊落，又利于引起关注，促进宣传，扩大影响；而朋友密谈则应悄悄地进行以便更利于避开旁人的视线，保证交往活动的隐蔽性。一般的往来，或者一般的亲友，打个招呼、通个电话、捎个口信儿也就可以了；比较重要的工作联系、业务关系、公关事务等就必须采用相应的公文格式，如发书信、寄请柬等，或者按照一定的规格派专人传达或亲自登门，以示重视、郑重和尊重。总之，邀请的方式要因事而异，因人而异。

三是注意“行”“明”“便”“诚”。

“行”即邀请的可行性。邀请要量力而行，既不强人所难，也不为所不能为。

“明”就是明确、明白。邀请前一定要明确宴会的时间、地点、活动内容、邀请对象等，以便心中有数，作好邀请。还需将上述事项向邀请对象传达明白，以利其接受邀请，准时赴约。

“便”就是尽可能地为邀请对象着想，为其提供来往交通等方面的便利。

“诚”就是真诚相约，不虚情假意，不违约，不失信。

3. 安排席位要仔细

无论是国内还是国外，在席位上都十分讲究。以至于开国际会议时，也只有采取圆桌的形式。所以，如果你要请客，那么在席位安排上要仔细。

正式宴会一般均需排席位，也可以只排部分客人的席位，其他人只排桌次或自由入座。

桌数较多时要排桌次，按国际上的习惯，桌次高低以离主桌位置远近而定，右高左低，中心高外围低。

席位高低以离主人的座位远近而定，同时也遵循右高左低的习惯。排席位的主要依据是礼宾次序。因此，在排席位前，要按礼宾次序开列主、客双方的名单。当然，也要考虑特殊因素灵活处理。如遇主宾身份高于主人，为表示对他的尊重，可以把主宾摆在主人的位置上，主人则坐在主宾位置上，第二主人坐在主宾的左侧（当然也可以按常规排列）。

男女宾的安排，按外国习惯是穿插安排。我国习惯按各人职务、身份排列，以便于谈话。如果有夫人出席，通常与宴会女主人排在一起。如：男主宾坐在男主人右上方，其夫人坐在女主人右上方。如果宴会主人的夫人不出席，可请其他身份相当的女士做第二主人，亦可以把主宾夫妇安排在主人的左右两侧。

席位安排要适当照顾各种实际情况，如身份大体相当、专业相同、语言相同的人，可以排在一起；意见分歧、关系紧张者，应避免排在一起，等等。

席位排好后，应该用座位卡在席上标明。桌次可在请柬上注明，或入席前通知。大型宴会最好有人引导，以免混乱。

法则58：酒桌上有好形象，人受欢迎事必成

在任何社交场合中，都要注意你的言谈举止。即使是在气氛比较轻松的酒桌上，也要注意你的举止言行。因为，你的一举一动都可能引起对方的兴趣或反感，从而，让人瞬间决定是否继续与你交往下去，你们之间是否有下一步合作的可能。

俗话说：吃有吃相。但吃得漂亮却不是一件很容易的事。例如当同桌的几个人围坐在酒桌旁准备就餐时，其中一个人手拿筷子敲打碗盏或者茶杯；主人尚未示意开始，就有人已经在狼吞虎咽；不等喜欢的菜肴转到自己跟前，就伸长胳膊越过很远的距离甚至屁股离座挑食菜肴；喝汤时“咕噜咕噜”、吃菜时“叭叽叭叽”；用餐尚未结束，饱嗝已经连连打出，等等，这些现象都可看出一个人不拘小节和缺乏修养。那么，怎样的吃相才算得体呢？

（1）在入座之后，一面做好就餐的准备，一面可以和同桌的人随意进行交谈，以创造一个和谐融洽的用餐气氛。不要旁若无人，兀然独坐，也不要眼睛紧盯着酒桌上的冷菜之类，显出一副迫不及待的样子，或者无意识地摆弄餐具。

（2）在宴席上，听到主人招呼以后再开始进餐。取菜不宜过多，吃完之后再取。不要对不合自己口味的菜显出为难的表情，而应当礼节性地品尝一点。尤其在社交场合吃饭时，要显得文雅，不要狼吞虎咽，大吃大嚼，这种表现实在不太雅观，一定注意吃的姿态要美观和洁净。注意吃东西时不要大声咀嚼；喝汤时

不要弄出声响；碗筷刀叉不要碰得叮当响；更不要用匙子去刮碰碗底；吃东西时嘴里的残渣不要往桌上、地上乱吐；应把这些东西集中放于一处，以便主人饭后打扫，也不至于影响周围人的食欲。

（3）开始用餐时，应注意只有当主人示意开始时，客人方可开始；用餐的动作要文雅，夹菜时注意不要碰到邻座的客人，也不要把盘里的菜随意拨到桌子上，更不能打翻盘碗。

（4）筷子的使用，在长期的生活实践中已形成了某些礼仪上的忌讳，如：一忌敲筷子，即在等待就餐时，不能一手拿一根筷子随意敲打；二忌掷筷，即在发放筷子时要轻，相距较远时可以请人递过去，不能随手掷在桌上；三忌叉筷，也就是筷子不能一横一竖交叉摆放或一根是大头，一根是小头；四忌插筷，即不论在何种情况下，都不能把筷子插在菜上或饭碗里；五忌挥筷，在夹菜时不能把筷子在盘里翻来搅去，也不能让两个人的筷子在空中乱舞或者用筷子指点别人，把筷子当作说话时的道具。

（5）在酒桌上，不要嘴里含着食物大声说话，弄得饭菜乱喷，这是很粗俗的行为，是社交场合之大忌。吃饭时，也不要用手中的餐具指指点点，那是不礼貌的举动。

（6）做客吃饭时，不要用自己的筷子在菜盘里挑挑拣拣，拨来拨去，这样做的小孩都会让人生厌，更何况已是成年人？因此，在家里吃饭也要坚决杜绝这种习惯。另外，请人在家里吃饭时，最好使用公匙、公筷，实行分餐。

（7）宴席结束后，不要在酒桌上当着别人的面挖鼻孔、剔牙齿。这些小动作会有损你的形象。在酒宴上碰杯时，主人和主宾先碰。也可以同时举杯示意，不必逐一碰杯，不要交叉碰杯。

（8）当主人或主宾致辞时，其他的人应暂停进餐，专心倾听。特别是当主人和主宾前来敬酒时，被敬者要起立举杯，双眼注视对方并与之碰杯，表示祝福或感谢。

法则59：酒桌说话不简单，生意成交靠技巧

在酒桌上，如何说话是“酒文化”的重要部分。说得好，容易打破交际障碍；说不好，反而不经意得罪人。在酒桌上会说话，将有助于你有效地与他人沟通。

1. 独乐不如共乐，切忌私语

大多数酒宴宾客都较多，所以应尽量多谈论一些大部分人能够参与的话题，得到多数人的认同。因为每个人的兴趣爱好、知识面不同，所以话题尽量不要太偏，避免唯我独尊，天南海北，神侃无边，出现跑题，而忽略了众人。

尽量不要与人贴耳小声私语，给别人一种神秘感，往往会产生“就你俩好”的嫉妒心理而影响了喝酒的效果。

2. 瞄准宾主，把握大局

大多数酒宴都有一个主题，也就是喝酒的目的。赴宴时首先应环视一下各位的神态表情，分清主次，不要单纯地为了喝酒而喝酒，从而失去交友的好机会，更不要让某些哗众取宠的酒徒搅乱东道主的意思。

3. 语言得当，诙谐幽默

酒桌上可以显示出一个人的才华、学识、修养和交际风度，有时一句诙谐幽默的语言，会给别人留下很深的印象，使人无形中对你产生好感。所以，知道什么时候该说什么话，语言得当，诙谐幽默很关键。

4. 劝酒适度，切莫强求

“以酒论英雄”，对酒量大的人还可以，酒量小的可就犯难了，有时过分地劝酒，会将原有的朋友感情完全破坏。

5. 敬酒有序，主次分明

敬酒也是一门学问。一般情况下敬酒应以年龄大小、职位高低、宾主身份为序，敬酒前一定要充分考虑好敬酒的顺序，分明主次。即使与不熟悉的人在一起喝酒，也要先打听一下身份或是留意别人如何称呼，这一点心中要有数，避免出现尴尬以至于伤感情。

敬酒时一定要把握好敬酒的顺序。有求于席上的某位客人，对他自然要倍加恭敬，但是要注意：如果在场有更高身份或年长的人，则不应只对能帮你忙的人毕恭毕敬，也要先给尊者长者敬酒，不然会使大家都很难为情。

6. 察言观色，了解人心

要想在酒桌上得到大家的赞赏，就必须学会察言观色。因为与人交际，就要了解人心，左右逢源，才能演好酒桌上的角色。

7. 锋芒渐露，稳坐泰山

酒席宴上要看清场合，正确评估自己的实力，不要太冲动，尽量保留一些酒力和说话的分寸，既不让别人小看自己又不要过分地表露自身。选择适当的机会，逐渐放射自己的锋芒，不致让别人产生“就这点能力”的想法，才能稳坐泰山，使大家不敢低估你的实力。

法则60：拒酒有诀窍，不得罪人也能成交

在酒桌上往往会遇到劝酒的现象，有的人总喜欢把酒场当战场，想方设法让别人多喝几杯，认为不喝到量就是不实在。在这种情况下，你若是偏偏又不能喝，如何拒酒呢？

喝酒有喝酒的方法，拒酒同样有拒酒的艺术，下面几个方法可供参考：

1. 满面笑容拒酒，智在以柔克刚

有不少人发现，相当多的“酒精（久经）考验”的拒酒者，任凭你天花乱坠地劝，他就是笑眯眯地频频举杯而不饮，而且振振有词。张某乔迁之日，特邀亲朋祝贺，小李也在其中，然而小李平素很少饮酒，且酒量“不堪一击”。酒宴上，小王提议和小李单独“意思”一下，小李深知自己酒量的深浅，忙起身，一个劲儿地扮笑脸，一个劲儿地说圆场话：“酒不在多，喝好就行”“经常见面，不必客气”“你看我喝得满面红光，全托你的福，实在是……”结果使小王无可奈何。

2. 突出事实拒酒，智在申明情况

事实胜于雄辩，无懈可击。拒酒时，若能突出事实，申明实际情况，再配上得体的语言，能令劝酒者欲言又止，辍杯罢手。A君参加一个生日宴会，B君好久未曾和A君相逢，提出要和A君痛饮三杯。A君说："你的厚意我领了，遗憾的是我最近一段时间身体不适，正在吃药，好久滴酒不沾，只好请你多关照。好在来日方长，后会有期，日后我一定与你一醉方休，好吗？"此言一出，宾客们都纷纷赞许，B君也只好罢手。

3. 针对后果拒酒，智在前车之鉴

饮酒当然应是喝好而不喝倒，让客人乘兴而来，尽兴而归。那种不顾实际的劝酒术，说到底，也不过是以把人喝倒为目的，充其量只能说是低级趣味的劝酒术，乃劝酒之大忌。作为被动者，当酒已喝到一半量时，应向东道主或劝酒者说明情况。如："感谢你对我的一片盛情，我原本只有三两酒的量，今天因喝得格外称心，多贪了几杯，再喝就'不对劲儿'了，还望你能体谅。"如此推托以后，就再也不要喝了。这种实实在在的说明后果和隐患的拒酒术，只要劝酒者明白"乐极生悲"的道理，善解人意，就会见好就收。

4. 反守为攻拒酒，智在后发制人

反守为攻，意即先不动声色，静听其言，等待时机，一旦时机成熟，抓住对方言辞中的突破口，以此切入，反守为攻，使对方无法争辩，从而拒酒。刘某新婚大喜之日，当酒宴进入高潮时，某"酒仙"似醉非醉、侃侃而谈，请两位上座的来宾一起一人"吹"一瓶。面对"酒仙"言辞上的咄咄逼人，两位来宾中的一人站起来说："我想请教你一个问题，'三人行，必有我师'，这是不是孔子的话？""酒仙"随即答："是的。"来宾见其已入圈套，便说："既然圣人说'三人行，必有我师'，你又提议要我们两人一起喝，你现在就是我们两位最好的老师，请你先示范一瓶，怎么样？"这突如其来的一击，直逼得"酒仙"束手无策，无言以对，只得解除酒令。

此番拒酒，妙就妙在某来宾不动声色，静听其言，然后抓住"酒仙"言辞中的切入点，提出问题。悄悄布下个圈套，诱使其说出（或同意）与自己相似的观点，请君入瓮，随即收拢圈套，以"诺"攻"诺"，反戈一击，达到制胜拒酒的目的。

酒桌的确是联络感情、洽谈生意、促进友谊的桥梁，为了广交朋友，你除了"能吃能喝"外，更重要的是将自己练就成在交际应酬中"会吃会喝会交友"的应酬高手。

法则61：陪客细致得体，双方愉悦生意成

无论哪种酒席宴请，都有主宾这两个重要的角色。那么，作为主人，应该如何做到得体地陪客呢?

1. 陪客户吃午餐

在用餐之前应该征求一下客户的意见，听一听对方喜欢到哪一家餐馆或想吃些什么东西。

至于午餐要不要酒或要什么样的酒都应该征求一下对方的意

见。如有的客户下午有重要工作，你就不要把酒摆到酒桌上或再三向对方敬酒，这种做法会让对方很为难。

在招待一些重要客户用餐时，一定要事先预定好房间，就是慢一点也没有关系，反正有车可以利用。总之，要请客户吃午餐，就要选择一个高雅、安静并讲究气氛的地方。

出差时，因人生地不熟，如果要宴请对方的话可委托对方订地方，但是在付钱方面可千万不能马虎。虽然你事先跟对方说好了是你请对方，但在用餐完毕准备付钱时，对方也可能会主动站起来做出要去付钱的样子。或许对方是个爱面子的人，也或许他是真心真意想去付钱，无论是哪一种情况，你都要婉言谢绝，要自己亲自去付钱。即使是对方招待，你也不要一副理所当然或对方应该付钱的样子，这是应有礼节，也是交际方面必备的常识。

2. 陪客户吃晚餐

要吃什么也是以客户为主，征求一下对方的意见。如客户点的菜恰好也是自己喜欢吃的，那当然是最理想不过了；但如果对方的胃口与你的不一样，只要不是你特别不喜欢吃，最好暂时委屈一下。

如果客户没有说他喜欢吃什么的话，那就把菜单送到他跟前，请他点菜，尤其是在客户不止一人的情况下。这种办法虽说很简单，但实际上不少人却做不到这一点。

你应抛弃这种自作主张的招待方法，在准备用餐前，设法多听听对方的意见，弄清对方是否能喝酒，喜欢喝什么酒，酒量多大，用餐后有无消遣及喜欢玩什么之类等等。上述情况，弄清楚后，再去选择用餐场所。

当以公司的名义出面招待客户时，应主动地向上司报告客户的喜好并按上司指定的地方准备。去比较远的地方出差而且需要在客户公司附近宴请对方时，一般均需委托对方选择聚餐地点并提前预约。

饭前酒。一个人的酒量有大有小，有人不能喝，有人能少量地喝，有的相当能喝，也有的人见了酒连命都不要。因此，劝对方喝酒时以适量为宜，这也合乎礼节。

千万不要拿着酒瓶往对方酒杯里倒，逼着对方喝酒。这种逼着对方喝酒的招待绝对不是热情招待，而是一种不能体谅人，没有人情味又低俗的表现。正确的做法是要观察对方的表情与神态，当对方郑重其事地说不喝时，千万不要勉强，应准时地请服务员上来，这样既可防止对方喝醉，也使对方感到很亲切。

喜欢喝酒的人一见酒往往容易失去控制，所以要特别注意。有的人是因为自己还想再喝，所以就拼命地让对方也喝，陪客的人应该顺着客人的意思去做，但有的人却不知好歹仍继续向对方劝酒，有的人甚至把酒桌上的空酒瓶倒过来并把最后的一滴酒也倒在自己的酒杯里，嘴里还一个劲地念着“怪可惜的”，这种粗俗的举动实在难登大雅之堂。

3. 用餐的风度

生意人基于其职业性质，尽量去了解各种饭菜的吃法，当然这是最理想的，但实际上能做到这点并不容易。有的菜自己不知道怎么吃，这时该怎么办呢？

为了不在顾客面前出洋相，可先问一问对方，也可以看看身边的人怎么个吃法，自己再学着吃。要让酒桌上的客人不致产生不愉快感是至关重要的。而那些嘴里塞满了饭菜还在那里唠叨个不停的人只会使人食欲不振。一些从小在礼节方面就具有良好教养的人，就最不喜欢那些不拘小节的人，他们认为酒桌上的不文明将使自己感到不愉快。所以，这一点应谨记。

当你嘴里含有东西而又需要回答对方的问题时，哪怕稍微停顿一下也没有关系，先把嘴里的东西嚼细咽下去之后再说。如果需要你马上回答而且回答得迟了就会失礼时，那该怎么办呢？其实方法很简单，只要把嘴里的东西先用舌头挪到一边，这样就能正确地发音了。

大家都知道，在喝茶喝汤时发出“咕噜噜”的声音或者使勺子叉子发出“稀里哗啦”的声音都是失礼的，因此，一定要特别注意。

法则62：营建轻松的氛围，巧用话题促交易

所谓酒局，其实“醉翁之意不在酒”，美味佳肴再好，也是为了给交流、谈事儿作陪衬。因此，酒桌上的言谈就要格外注意。在酒桌上不要向对方提出一些必须放下手中餐具才能回答的严肃问题，也不要向对方提出一些必须长篇大论或花较长时间才能回答完的问题。此外，一些不卫生的话题或是容易使人产生不

当联想的话题都应避免。为了使酒桌上有愉快的气氛，请尽量选择一些轻松愉快的、无害的、简单的话题。

有的人在招待客户用餐时，不管在吃的时候还是在喝的时候，都一直在滔滔不绝地讲生意方面的事情。在对方刚要往嘴里送食物或想把话题岔开时，他马上又把话题转到有关工作方面的事情上来，还自鸣得意，这样，他就是犯了一个战略上的错误。酒桌上从头至尾谈工作通常是没有工作能力的人所表现出来的行为，这样做留给对方的印象不是枯燥无味就是喜欢自吹自擂，几乎很少有人喜欢跟这种人打交道。因此想要合作成功，那根本是没指望了。

如果是事先约好的酒桌上边吃边谈，或者是对方主动地提出来谈的话，这当然就另当别论了。但除此之外，最好还是谈一些有关菜的味道或各地风土人情之类的话题，总而言之，酒桌上的话题应以闲谈聊天儿为主。

酒桌上之所以不谈工作，其目的在于交朋友及搞好人际关系，这样慢慢地必然会促成以后交易上的成功。

虽说喝酒也是练出来的，但确实有因为体质或别的原因一滴酒也不能喝的人。值得注意的是一些滴酒不沾的生意人中，有不少人却是宴会上陪客的高手。他们多经过长期的磨炼，在热情地为客人斟酒的过程中，学到不少陪伴客人的诀窍，其诀窍就是“因为不会喝，所以我就只有一心一意地为客人斟酒服务”。有的人在自己的酒杯里倒些茶，也像喝酒似的一点点地喝，这样也会使气氛很热闹，也有的装出喝醉酒的样子，讲一些有趣的话逗大家笑。总而言之，办法很多，只要你能想到就都可以用上。

还有一类人，酒量好，干喝不多。会喝但喝不多的人有很多，在宴会上这种会喝但又喝不多的人也最难办。因为他不可能像一滴酒都不能喝的人那样，索性只为客人斟酒服务，另一方面他又不能和酒量大的客人干杯痛饮。上述生意人如果遇上一位和自己的酒量差不多的客人那还好对付，如果是很不幸地遇上个酒量大的客户可就有得受了。

酒量小的人往往特别需要注意饮酒的方法，不能宴会一开始对方为你斟酒时，你就咕噜咕噜地一杯又一杯地喝个不停，当对方真的要和你面对面地干几杯时，你差不多已经醉得天昏地暗了。酒量小的生意人不仅要设法控制自己的酒量，还要动脑筋琢磨劝酒的方法。敬酒、劝酒、斟酒的方法愈高明，对方也喝得愈高兴。

宴会上如果对方明知你酒量小而有意想把你灌醉的话，你可直率地把酒杯收起来，并且郑重其事地告诉对方："我的身体实在是受不了，请您谅解！"

陪酒量大的客人喝酒之前，最好先多吃些脂肪多的食物垫垫底，以起到保护胃壁及阻止酒精吸收的作用。在喝酒的方法上，开始要少喝一点，然后再逐渐地增加酒量，使自己有个适应的时间。

如上所述，怎样喝酒是大有学问的，不妨在这个问题上多动点脑筋，下点功夫才可以。

法则63：宴席之上要周全，尊卑有序赢大单

在宴席上需要分清主次，有轻有重，不可能平均。聪明的人在保证“重点”的时候，决不忽略“一般”。比如，迎面来了三个人，好久未见了，其中一位正是自己急于求助办事的，你怎么对待呢？

是抓住一人，不计其余；还是逐个关照，热情寒暄一番，然后和其他人说明情况，保证重点？这就是技巧。

人和人的关系，往往不是简单的我和你的关系，常常是我和他，三角四角，甚至五六角的关系。

当客人怀着欢愉的心情坐到你的宴席上的时候，他们倒不是为了吃点喝点什么，而是为了通过这种社交形式互诉衷肠、互诉友情。只要主人能以平等的态度对待每一个客人，那么，宴桌上的“皆大欢喜”是不难做到的。而如果“热”此“冷”彼，“冷”者当然不高兴，而“热”者心中也不会好受，因为实际上那少数的“热”者，有意无意地被人推向了“冷”者的对立面，心里也会“为之不欢”。

据说，圆桌的发明，正是为了使入席者既无南面之尊，又无北面之卑，其中本身就隐含着“平等”二字。坐在象征平等的圆桌上进餐，而偏要人为地制造出种种不平等的举动来，岂不可笑？

那么，要处理好多角关系，做到不偏不倚、一视同仁，应该注意哪些方面呢？

1. 勿以尊卑定冷热

无论职务高低，那些大人物与一般平民在人格上都是平等的，在日常生活的交往中也是平等的。在一般的宴席桌上，只要不是什么特殊需要，尽可以随意一点，那样有好处，甚至可以调节“官”与“民”的关系。而如果把“官”和“民”的关系延伸到宴会桌上来，那不仅不会使上司提高威信，让上司脸上有光，结果只会适得其反。

2. 勿以亲疏定冷热

在宴席上，来的客人之中，会有与主人关系比较亲密的，也有与主人关系一般的人，在这种场合，特别要注意不能亲疏有别。

在与人交往时，要既不谄媚讨好位尊者，也不歧视冷落位卑者，端庄而不过于矜持，谦逊而不矫饰造作，充分显示出你的诚挚。

我们常常会听到周围有这样的评价：某某人做事真周到。这样的话，肯定就是对那些在日常应酬中做得圆满者的赞赏，同时也说明了被赞赏者是日常应酬的成功者。

在酒场上，如果有三个人，那么其中一个人可能会是本次应酬的“次要者”。如果在应酬过程中，这位“次要者”遭到了冷落，在心里产生不被重视的感觉，那他将会是非常尴尬的，而且以后他便会找出各种各样的理由，拒绝出现在这样的场合。这样，你就有可能因此而失去一个可以在某个方面向你提供帮助的伙伴。

让每一个人都感到你重视他的存在，你的事业便成功了一半。

让“次要者”感到他的存在，可以有以下四种形式：

一是常常向“次要者”微笑。

二是不时地向“次要者”询问一些平常的问题。

三是常常示意“次要者”喝茶或吃点心。

四是让“次要者”参与到你们的谈话之中。

适当地让“次要者”参与到你们的谈话中，不仅可以打消“次要者”的尴尬，同时还可以为你赢得朋友的心。

法则64：享用西餐，在高雅格调中达成合作

随着各国经济往来的频繁，很多跨国企业间展开了密切的合作。由于地域和文化的差别，中国和西方国家在就餐这件事上，有很大的区别。当你受邀参加西餐晚宴时，必备的应酬礼仪一定要掌握。

目前国际通行的宴请有宴会、冷餐会、酒会、茶会、工作餐等形式。酒会是其中较为常见的社交形式。按照国际惯例，最隆重、礼节性最强的招待活动是午宴和晚宴。

当你受邀参加西式正式宴请，你最好是客随主便，你的座位、讲话顺序等都要听从主人安排。尤其要注意的是正确使用西餐餐具。在西餐餐具中，除了汤匙与黄油刀以外，其他的餐具都

是成对使用。当你面对令人眼花缭乱的餐具不知如何使用时，最简单、实用的做法就是从外向里依次使用。如果你不小心用错了餐具也不要表露出过多的自责情绪，你需要继续从容地用餐，可以向大家坦言自己并不习惯使用这些餐具，同时也可以就某个餐具的使用方法向别人请教。

拿餐刀时动作要优雅，不要跟握笔的姿势一样，但当使用汤匙与布丁匙就要像拿笔一样使用了。在用餐过程中需要开口讲话时，要把刀叉以“八”字型搭在盘子上。当你结束进餐，可以把餐具平行地放在盘子中间，或者斜摆成四点或者十点钟的位置，服务员会据此知道你已用餐完毕，并撤掉你的餐具。

欧洲人吃饭的习惯是同时握着刀和叉，而美国人则不同，他们喜欢用刀叉切割完食物后，放下右手中的刀，将叉子移至右手再继续进餐。

在西餐的正式场合通常都配有餐巾。餐巾的位置应该放在膝盖处，切不可将餐巾当作围巾系在脖子上。用西餐时最容易露怯的是吃意大利面条。意大利面条的正确的吃法是：先用叉子把面条挑起来，并耐心地卷好，再用勺子协助送入口中。

如果你是受邀参加酒会，那这应该是最放松的事了。通常情况下，酒会中的酒类品种比较多，还有不同酒水调制的鸡尾酒，还会备有各类果汁和饮品，以及小吃，如三明治、面包卷、水果等。当你拿取这些食物时最好使用牙签，千万不要直接用手去拿取。在酒会中，你不必太受拘束，可以与人随意交谈，轻松的氛围也是进行交流、意向洽谈的最好方式。当你心中已经定好了此次社交的目标，最好是主动搭讪。在酒会上太过贪吃，或只与少部分的人交流，可不是明智之举。

在参加酒会前，你可以事先在头脑里想一些方便聊的话题，以便在酒会中和陌生人交谈，避免发生尴尬的局面。嘴里正在嚼着食物，或者对方正在吃东西时，不要主动同人说笑。当主办方或主宾致辞祝酒时，你要暂停进餐和交谈行为，以示敬意。如果在酒会上你不慎碰洒了酒水或碰掉餐具，千万不要自己弯腰清理，你应沉着冷静，礼貌地叫服务生过来打理。

无论你是参加正式宴请还是一般的酒会，中途都不要退场。如果的确有很急的事，应事先向主人打招呼后再悄悄离开。在酒会结束后，晚些时候或第二天要以邮件或者微信、短信等形式，向邀请者表示真诚的谢意。

此外，参加西方人的宴请，还要格外注意饮咖啡的细节。饮用咖啡时，加入咖啡的糖通常是方糖。方糖会被放在专门的器物里，可先用糖夹将方糖夹在咖啡碟的近身一侧，再用咖啡匙把方糖加入咖啡中；如果是砂糖，就可用咖啡匙直接舀取，加入杯内。

咖啡匙是专门用来搅拌咖啡的，在饮用咖啡时应当把它取出来。在餐后饮用的咖啡，一般都是由侍者用袖珍型的杯子盛出。此类杯子杯耳较小，需要放在杯碟里。盛放咖啡的杯碟应摆放在面前或偏右侧，杯耳的方向也应指向右方。喝咖啡的动作要优雅，切不可大口地喝，或者低下头去吸咖啡。

有时，我们也可能会遇到一些不方便的情况，比如，你坐在远离桌子的沙发上，不方便双手端着咖啡饮用。此时，你可以用左手将咖啡碟置于齐胸的位置，稳稳地端着，小心咖啡外溢，然后再用右手端着咖啡杯饮用。添加咖啡时，也不要把咖啡杯从咖啡碟中拿起来。喝完咖啡，应将咖啡杯放回到咖啡碟中，否则即是失礼。

有时，饮咖啡可以吃一些点心，但不要两手并用：一手端着咖啡杯，一手拿着点心，吃一口，喝一口。正确的做法是：饮咖啡时放下点心，吃点心时放下咖啡杯。

按照上面的一些礼仪规则，你就可以充分享用西餐的高雅格调了。当你掌握了这些基本礼仪，举手投足间都会散发出无穷的魅力。

法则65：尊重民族餐饮礼俗，业绩定会不俗

我国是一个多民族的国家，不同民族都有各自的饮食习惯。因此，在社交及商务宴请场合，了解各民族的饮食习惯及禁忌尤为必要。以下面几个常见的少数民族为例：

1. 满族

是个有崇高礼节的民族，礼节很多，对老人非常尊敬。晚辈见长辈，不分贵贱都要问安，还有请安、打千儿、半蹲礼、抱见礼、抚鬓礼、顶头礼等。亲友相见，不分男女一律行抱腰见面礼。随着时代的进步，现在满族人的许多礼节已经从简，晚辈见

长辈以鞠躬礼居多，平辈以握手礼为常。不过在亲友之间，妇女们还保持着“半蹲儿”礼。

2. 壮族

壮族是我国少数民族里人口最多的民族。如果有客人来访，客人在家，不可以大声讲话；进出要从客人身后绕行；和客人共餐要两腿落地，和肩同宽，不能跷二郎腿。

壮族人十分爱护青蛙，所以到壮族地区要严禁捕杀青蛙，更不能吃蛙肉。壮族人民认为狗肉、野味是美味佳肴。用餐时须等最年长的老人入席后才能开饭；长辈未动的菜晚辈不得先吃；必须双手给长辈和客人端茶、盛饭，茶饭均不能从客人面前递过去，也不能从其背后递给长辈；若餐桌上有鸡头、鸡翘，必须要敬给老人。先吃完饭的人在离桌前要逐个对长辈、客人说“慢吃”然后再离席；晚辈不能落在全桌人之后吃饭。

壮族人普遍不爱吃胡萝卜、西红柿、芹菜等，但喜欢喝酒。所以招待客人的餐桌上有酒才显得隆重。敬酒的习俗为“喝交杯”，其实并不用杯，而是用白瓷汤匙。

3. 彝族

禁食狗、马、熊等动物的肉；过年三天内禁忌新鲜蔬菜进屋；用餐后忌把汤匙扣在碗盆的边沿。

4. 苗族

做客的时候，客人不能去夹鸡头吃，也不能夹鸡肝、鸡杂和鸡腿。鸡肝、鸡杂要敬给老年妇女，鸡腿则留给小孩；忌妇女与长辈同坐一条长凳；忌杀狗、打狗、吃狗肉等。

5. 蒙古族

现在一般施握手礼，长辈对晚辈说你好，晚辈对长辈则说您好。但是一般情况下青年人见到老人是点头、鞠躬，并问安。如果和尊贵的客人见面，礼节就十分隆重。当得知客人要来的消息后，要在地界那里等候，并要准备酒肉和奶制品。见面时要敬献酒和哈达，以表达主人对客人的热情和真诚，在离别时也要送行，并敬酒、献歌。

6. 锡伯族

十分注重礼节。见面时大都施握手礼，并说您好。但对老人和长辈却要“打千”，即把左腿向前迈半步，双腿下曲，双手按在左膝盖上问好。

7. 维吾尔族

见面时把右手放在左边的胸前，然后把身体向前倾侧三十度，然后说：“萨拉木来坤”（祝福）。如果一个人一次碰到十几个熟人，对每个人都要这样；如果遇到尊贵的客人或是长辈，则要把双手交叉放在胸前，并点头、鞠躬，以示对长者的尊重。妇女见面时就不施这种礼，而是互相拥抱，右脸面要挨一下，并说：“萨拉木”。长者见到小孩时，小孩要先开口打招呼，老人则要吻小孩的脸蛋和额头。年轻人见面时，有的是握手礼，并说：“亚克西木塞孜”（您好）。

8. 哈萨克族

人们见面时，要伸出手握住对方的手，以示尊重和热情，并说：“萨拉木来坤”，同时还要问七八个平安，其内容要问到老人、父母、妻子、兄妹、儿女、牲畜等。不然，则被认为不礼貌。妇女们见面时一般是点头、问候。若两人较长时间没有见面，那么见面时就显得格外热情并要拥抱，以示亲昵和思念。

9.塔吉克族

这是个居住在世界屋脊上的民族，他们的见面礼别具一格。晚辈见到长辈要先请安，妇女和男性长辈见面，男长者要先伸出左手，手心朝上，妇女拉着长者的指尖吻一下手心以示敬意。中年男性与长辈见面时可行握手礼，若交情较深，则要互相吻对方的手背。妇女们见面时一般要拥抱，年长者要亲吻晚辈的眼和前额，晚辈要亲吻长辈的手。平辈之间可互吻面颊或嘴唇。年轻小伙们见面时一般有两个动作，一是握手，二是把手送到对方唇边，互吻一下对方的手背。男女互相见面时，女的要吻男的手心，男的则要轻轻地按一下女的头部，以示敬意。塔吉克人十分注重礼节，即使见到素不相识的远道来客，也要热情问候，并把双手拇指并在一起，热情地说："更艾力卖右卓"（相互支持）。

10.俄罗斯族

亲朋好友见面时，一般要拥抱，亲吻面额。一般人见面时只握手，并说您好，然后还要问一下健康、工作和家里人的情况，当别人问完之后要说声谢谢，以示礼貌。

11.伊斯兰民族

最大的特点之一是禁猪，他们忌讳提到与"猪"有关的任何词语。清真食堂所用的炊具、餐具和汉族食堂的炊具、餐具要严格分开，供清真食堂食用的牛羊肉均由信仰伊斯兰教的民族群众亲自宰杀，并且严禁与猪肉一起存放、运输和买卖。清真食堂的管理人员、炊事人员一般也由这些民族的职工担任。

12. 回族餐饮戒律

回族在饮食方面最突出的习惯就是禁食一些食物。在肉食方面，回族只食蹄分瓣、反刍的动物肉，如牛、羊、鹿、骆驼、山兔的肉；禽类中只食鸡、鸭、鹅、鸽、鸠的肉；水产只食鱼和虾。在这些可食动物中，不吃自然死亡的动物肉，也不吃外族人屠宰的动物的肉；必须是清真寺四掌教（刀师傅）或阿訇屠宰的方可食用。可食的部位包括：筋、骨、油、肉、肝、心、腰、肺、皮、肠、肚、管、头、蹄等。不可食用的部位包括：肛门、生殖器、鼻须、耳、脊髓、爪和蹄壳、脑和脑汁、牛鞭、睾丸、膀胱、胰、血液、衣包等。

此外，汉族作为我国主体民族，日常生活中也有很多禁忌。比如，忌吃饭前敲碗、桌；忌将筷子插在已盛饭的碗中；忌饭后扣碗等。主客交谈时家人应避开，吸烟时不能对着客人打火、吐烟雾，咳嗽或打喷嚏时应把脸扭向旁边，掩住口鼻。客人走时要让客人先行，并送至门外。

后记　人脉是通往财富的阶梯

现代社会中，人们越来越意识到人脉的重要性。对任何一个人来说，人脉资源都是一种潜在的、无形的巨大财富。虽然，我们表面上看不出来它具有多大的财富价值，但是但凡商务成功人士，哪一个不是靠人脉逐渐积累财富、成就自己的商业帝国的？

一个人，即使你的能力再强，专业知识再扎实，甚至即使你具有独一无二的优势，仅靠一己之力也是很难成就一番事业的。在这个多元化的充满竞争的社会，没有哪个人可以孤军奋战就能取得事业的胜利。所以，做任何事，包括做生意，都必须有人支持你或扶持你。

一个深谙应酬之道的人，总能结识更多的同道中人。随着人脉资源越来越广泛，他赚钱的门路自然就会越来越多。

有专人曾经分析生意人做生意必备的三种因素：资金、技术、人才。显然资金可以通过贷款或其他途径解决，技术可以通过购买或合作方式取得，唯独人才不能轻而易举地获得。

每一位成功的生意人都曾有过创业的低谷，而在其一筹莫展的时候，一定有某个人曾帮他一把。这就是人脉的力量。可见，努力维系和搭建丰富的人脉资源是我们事业成功的必要条件。

所以，在做生意的过程中，你要在乎的不仅仅是赚了多少钱，积累了多少经验，更重要的是你认识了多少人，结识了多少朋友，积累了多少人脉资源。这种人脉资源是你宝贵的无形资产，拥有它之后，今后一旦遇到什么困难，你就知道该打电话给谁求助了。

搭建人脉的有效途径就是懂应酬、会说话。正所谓“震天下者必震之于声，导人心者必导之于言。”海涅说：“言语之力，大到可以从坟墓唤醒死人，可以把生者活埋，把侏儒变成巨人，把巨人彻底打垮。”说话人人都会，但不见得人人会说话。一句话可能化敌为友，冰释前嫌，化干戈为玉帛；一句话也可以化友为敌，引发一场争论甚至导致一场战争。所以，仅仅能说还是不够的，你还要会说。这就需要你在不同场合掌握不同的说话技巧。处于这个社会当中，每个人难免遇到场合中的人和事，都说过或听到过一些“场面话”。其实，这些话只是为了应付一些场合或是为自己找一个台阶下而已。很多人将场面上讲的话和空话、应付、虚伪、敷衍画上等号，其实“场面话”是一种谈话技巧，也是人际交往中说话办事的必备技巧之一。这种“场面话”既不是空话，也不是应付，而是在很多场合中人与人沟通的一种手段，是人在这个社会上不得不具备的一种语言能力。在很多场合，面子上的事情总是要过得去的，讲“场面话”的作用就是维护双方的面子。现实社会就是这样，不讲就好像不通人情世故了。事实上，就算别人明知你“言不由衷”，也会感到很高兴。

在社交场合把话说好，就能让你的应酬游刃有余。就能令交际的双方在经历、志趣、追求、爱好等方面寻找到共同点，诱发进一步的交流，为交际创造一个良好的氛围，进而达到人际交往的目的。

你要坚信：只有把话说好，才会给自己带来好人脉；只要有好人脉，就会给你带来好财运。当然，前提是你得努力，你若不努力，认识谁都没有用。

如果你希望在成功的道路上快马扬鞭，就必须拥有良好的人脉。实际上，所谓的“走运”多半是得益于畅通的人脉。一个能认同你的做法、想法与才华的人，一定会在将来的某一天为你带来好运。

究竟谁会对你伸出援助之手，哪里才有这种人呢？这个问题没有人能够回答。只能这么说：任何人都有可能成为对你施予援手的友人，他可能是你工作上的伙伴或上司，可能是学校里的同学，甚至有可能是一位陌生人，但一般来说，人脉的范围越广，开创成功未来的几率越大。

就人脉这方面来看，机会往往是在你想不到的地方出现的，譬如你的顾客及顾客介绍的顾客、同事及同事的亲友、朋友及朋友的朋友，等等。

很多人把威尔可的发迹简单地归功于“运气”好，这似乎也无可厚非，但笔者却更愿意将威尔可连锁店的发展归功于“人脉”——毕竟，他的运气是人给予的。或者说，他的好运是他自己带给自己的。正是因为他先前奉献了爱，最终爱的光环将他照耀。

人生的路上，有些运气是碰巧的——例如中彩票——但那是不值得提倡的；有些运气是时势造就的——但这需要有过人的眼光；而有些运气则是他人给的——这就需要你在日常生活中助人为乐，广结善缘！

应酬是汇聚人脉的催化剂，人脉是通往财富的阶梯。